**Os Novos Perigos que
Rondam nossos Filhos**

Tania Zagury

Os Novos Perigos que Rondam nossos Filhos

Para papais do século XXI

BICICLETA AMARELA
ROCCO

Copyright © 2017 by Tania Zagury

BICICLETA AMARELA
O selo de bem-estar da Editora Rocco Ltda.

Direitos para a língua portuguesa reservados
com exclusividade para o Brasil à
EDITORA ROCCO LTDA.
Av. Presidente Wilson, 231 – 8º andar
20030-021 – Rio de Janeiro – RJ
Tel.: (21) 3525-2000 – Fax: (21) 3525-2001
rocco@rocco.com.br
www.rocco.com.br

Printed in Brazil/Impresso no Brasil

Preparação de originais
FÁTIMA FADEL

Coordenação editorial
BRUNO FIUZA

CIP-Brasil. Catalogação na fonte.
Sindicato Nacional dos Editores de Livros, RJ.

Z23n
Zagury, Tania
   Os novos perigos que rondam nossos filhos / Tania Zagury. –
1. ed. – Rio de Janeiro: Bicicleta Amarela, 2017.

   ISBN: 978-85-68696-56-9 (brochura)
   ISBN: 978-85-68696-58-3 (e-book)

   1. Disciplina da criança. 2. Educação de crianças. 3. Crianças –
Formação. 4. Responsabilidade dos pais. I. Título.

17-42229
                                    CDD-649.64
                                    CDU-649.1

Para Renato, Roberto e Daniela

Queridos papais que amam e... educam!

Com meu amor.

APRESENTAÇÃO

Querida mamãe! Querido papai!

Quando um adolescente segura a porta do elevador e, gentilmente, aguarda até você entrar – em vez de passar na sua frente, sem nem perceber que você existe –, é inevitável pensar que o mundo, apesar de tudo, tem jeito.

Se você esbarra numa pessoa, pede desculpas, e ela diz: "não foi nada", com um sorriso – a gente se sente bem, não é mesmo? Se está no elevador e alguém lhe pergunta qual o seu andar e o aperta no painel, sem você sequer pedir, você olha duas vezes para se convencer de que não foi o ascensorista quem lhe dirigiu a pergunta. Afinal, não é todo dia que se encontra gente legal. Se alguém lhe dá uma fechada no trânsito, mas em seguida buzina e faz um aceno simpático pedindo desculpas, você enxuga o suor que já começava a escorrer pelo rosto, achando que ia ouvir palavrões – ou levar um tiro –, e pensa: não acredito!!!

Em momentos assim, você começa a achar o dia mais bonito e a crer que, no fim das contas, tudo vai dar certo! E, embora a gente não esbarre com pessoas tão simpáticas e educadas a todo momento, nem todos os dias, elas existem – *e são muitas!* E é uma delícia topar com esse tipo de gente!

De onde surgiram? De outro planeta? Perguntam-se os mais céticos, ironizando. Não, são daqui mesmo, respondo. Produto do planeta Terra e do Brasil. Infelizmente, porém, é bastante comum ouvirmos dizer, em flagrante injustiça: "Ah, com certeza, esse não é daqui!" Que triste mania temos *de nos menosprezarmos...* Sim, existem pessoas gentis e educadas – e outras nem tanto.

O que importa lembrar é que tanto umas como outras *não nasceram prontas*. Ocorre que receberam orientação e cuidados e, assim – ao longo do tempo –, aprenderam a respeitar e também a tratar a todos com educação e gentileza. Outras não tiveram a sorte de conviver em ambientes em que as pessoas não apenas se respeitam, mas ainda as ensinam a respeitar as outras. A grande maioria das coisas que o ser humano é ou faz – sejam boas ou más, adequadas ou inadequadas socialmente – é *aprendida*, quer dizer, resulta das experiências e aprendizagens que se teve, especialmente na infância.

Pessoas educadas, que dão tanto prazer a quem com elas convive, são assim porque *alguém se* deu ao trabalho de ensiná-las. Esse alguém, na maior parte das vezes, é a mãe ou o pai. Ou quem cuida delas. Ninguém "nasce" educado. Nem mesmo as que, como se acreditava antigamente, tinham "sangue azul" – reis, duques, príncipes e princesas, encantadas ou não. Nenhuma delas sabia fazer todos aqueles salamaleques que a gente vê nos filmes. Também não sabiam dançar o minueto. Tiveram que treinar e treinar até aprender... Sim, somos todos iguais: nosso sangue é vermelho. E, assim como nós, simples plebeus, reis e princesas também podem não ser educados. Muito menos gentis. A história que nos conte! Portanto, se você quer que seus filhos sejam pessoas "do bem", cavalheiros gentis e damas dos sonhos, comece a batalhar por esse objetivo hoje mesmo.

Ter filho ético e educado é trabalho (e *curriculum*!) de quem os criou. E essa é uma tarefa que se começa cedo. Portanto, não perca um minuto. Formar hábitos é processo lento; demora, é repetitivo e cansa a beleza! Mas é delicioso perceber que, a cada ano que passa, nossos filhos são admirados pela correção, educação e gentileza!

Este livro foi escrito para ajudar vocês, pais e mães, nos momentos de dúvida e de dificuldade. E, também, para lhes orientar quando se sentirem perplexos e cansados da luta diária, que criar filhos é tarefa de anos e anos, sem descanso. Afinal, hoje, os desafios tornaram-se mais complexos – e as dúvidas, naturalmente, voltam a crescer e a surgir. Temos "inimigos ocultos" até nas sedutoras e atraentes mídias e redes sociais!

Então, mãos à obra já! Leiam, pensem e coloquem em prática!

E me contem depois!

A Autora
Março de 2017

Sumário

PARTE 1 – Tablet, Celular, Web, Redes Sociais, Joguinhos: Modo de usar

1.1	O tempo não para, pai!	15
1.2	Sobre a web, Baleias e Os 13 porquês	18
1.3	Gente, apareci na telinha!	23
1.4	Bebês na web!?	26
1.5	O uso do celular pelas crianças	29
1.6	Explicando o inexplicável	32
1.7	A tarefa prioritária dos pais	35

PARTE 2 – Dia a dia com filhos

2.1	Cheque seu carro antes de trancar!	41
2.2	Dormir, um sonho!	44
2.3	Babá ou creche?	47
2.4	As sanções necessárias	50
2.5	Chilique, a raiva que assusta	54
2.6	Agora eu era o quê?	57
2.7	Bons modos ainda estão na moda?	60
2.8	Criança alguma obedece sempre	63
2.9	Grito – A nova palmada?	66
2.10	Antibióticos, anti-inflamatórios... mais o quê?	69
2.11	Ai, que vergonha	72
2.12	Como lidar com a mentira	75
2.13	De príncipes e sapos	81
2.14	Falando sobre sexo	84

2.15 E SE MOLESTAREM MEU FILHO? 87
2.16 IGUAIS TAMBÉM SÃO DIFERENTES 90
2.17 EU ME AMO, EU ME QUERO BEM... 93
2.18 BRIGAS, NUNCA MAIS! 96
2.19 CONSUMISMO, COMO ENFRENTAR 99
2.20 EDUCAR ESTRESSA, SIM! 104

PARTE 3 – Você, seu filho, escola e estudo

3.1 ESCOLA BILÍNGUE OU... 111
3.2 A ESCOLA DO MEU FILHO É MODERNA? 114
3.3 A ESCOLA NÃO FAZ O QUE EU QUERO... 117
3.4 DE NOVO O MATERIAL ESCOLAR 120
3.5 COMO AJUDAR NA RECUPERAÇÃO 123
3.6 COMO PREVENIR O BULLYING 127
3.7 DE QUE LADO VOCÊ ESTÁ? 130

PARTE 4 – Seu filho adolescente e você

4.1 ACAMPAMENTO PARA REBELDES 135
4.2 OS MAIS GRAVES PREJUÍZOS 138
4.3 A ARTE DE CONVERSAR 140
4.4 POR UMA BOA NOITE DE SONO! 144
4.5 AINDA SOBRE O SONO... 147
4.6 ENTENDIMENTO OU ATENDIMENTO? 150
4.7 VOU ME DIVORCIAR, E AGORA? 155
4.8 ADOLESCÊNCIA E TATTOO 159
4.9 ADOLESCÊNCIA E SEXO 163
4.10 BEBER É UM MAL MESMO? 166
4.11 AS TEMÍVEIS "MÁS COMPANHIAS" 170
4.12 A PRIMEIRA EX-FUTURA NORA 174
4.13 AJUDAR, COMO? 177
4.14 A DROGA DA VEZ 181
4.15 EDUCANDO EM TEMPOS DE CRISE 186

Conclusão

À GUISA DE DESPEDIDA: CRIANDO FILHOS "DO BEM" 189

PARTE 1

**Tablet, Celular, Web,
Redes Sociais,
Joguinhos: Modo de usar**

O tempo não para, pai!

Não é apenas o que os pais ensinam que prepondera no comportamento adulto dos filhos. Da mesma forma que a conduta inadequada de crianças e jovens nem sempre é consequência da ausência ou ineficiência dos pais no processo educativo. Há outros fatores, tais como o genético e o social, que também determinam comportamentos. Além disso, hoje, há ainda a influência das mídias.

Quanto mais jovem, mais a criança se deixa influenciar pelos pais – ou por quem cuida dela no dia a dia. E, se no passado recente essa influência era, sem dúvida, a mais importante, com as novas mídias quem cuida de crianças tem que lutar por espaço – até porque os pais estão mais ausentes de casa, e a influência externa entra cada vez mais cedo nos lares.

Há ainda outro fator novo e marcante: quem está começando a criar os filhos agora pertence à Geração Y, que foi criada com muita liberdade por pais que buscavam atender à maioria dos seus desejos. Daí nos depararmos, hoje, com tantos jovens pais – especialmente nas classes mais favorecidas economicamente – que parecem buscar, prioritariamente, continuar a ter facilidades. Ainda que signifique deixar de lado algumas das orientações de pediatras e educadores, por exemplo, caso isso represente ter que abrir mão de algumas das coisas de que gostam.

Isso explica por que nos deparamos, a torto e a direito, com pimpolhos hipnotizados diante do celular e do tablet – mesmo que os pais tenham sido alertados pelo pediatra de que não os devem permitir antes de determinada idade. Ocorre que a criança fica comportada, não chateia e dá menos trabalho. E, se o enfoque é "ter a vida mais fácil", permitem – e até incentivam o uso. Percebo que quem se acostuma, na infância e adolescência, a fazer praticamente só o que lhe dá prazer, tende a não se mostrar disposto a aceitar o que lhe trará mais trabalho ou algum aborrecimento. Daí que as crianças começam, cada vez mais cedo, a usar as engenhocas que hipnotizam por horas a fio. Afinal, além de dar prazer ao filho e posar de papai maneiro, ainda pode ver o jogo de futebol inteirinho, sem interrupções. Ou a novela preferida! Ou o seriado da vez! Então, manda-se às favas o que seria fundamental evitar nos primeiros anos de vida dos filhos – porque, e aqui também, *o importante é ser feliz já, agora!*

Mas, querido papai, o hoje é seguido do amanhã! E se hoje seu filho e você estão felizes, amanhã, seu garoto pode decidir que não quer mais ir à escola! Ou ir e não fazer as tarefas; ou ir e não prestar atenção a absolutamente nada do que o professor diz. E aí? Vai ser fácil fazer retornar o tempo perdido? Recuperar a autoridade?

Se você quer influenciar de fato a formação dos seus filhos, é importante saber que é nos primeiros anos de vida que nós, pais, temos poder de influenciar decisivamente os filhos. Somente nesse período pode-se afirmar que o peso da atitude e dos ensinamentos que transmitimos *tem mais força do que outras influências.* O que a criança aprende nesses anos iniciais é que irá formar a base, a estrutura, o arcabouço do comportamento futuro dela. Quer dar formação ética e garantir um futuro tranquilo e a sensação de ter cumprido seu dever de pai?

Então, não espere seu filho chegar à pré-adolescência, menos ainda à adolescência! Deus nos concedeu uns 7 ou 8 anos (período em que a influência de pai e mãe é maior do que as demais) para trabalhar na formação dos cidadãos do futuro. Aproveite enquanto eles não chegam àquela idade em que tudo que viam de melhor nos pais se transforma em defeito (ao menos à primeira vista, e por um longo período!).

A hora é agora!

Sobre a web, Baleias e Os 13 porquês

Parecia simplesmente mais um joguinho daqueles com que os jovens adoram se entreter: o nome, aliás, o sugere – *Baleia Azul*. Mas não era. Assim como *13 Reasons Why*, série da Netflix que milhares de adolescentes em todo o mundo acompanharam, e que, segundo noticiado em abril deste ano, provocou surtos de depressão e suicídio em jovens. Em função disso, o Canadá proibiu sua exibição nas escolas; a Nova Zelândia o classificou como impróprio para menores de 18 anos, categoria que não existia por lá, até então. A tevê a cabo, porém, já iniciou a exibição da segunda temporada... Os dois eventos levaram pais de todo mundo à desestabilização, ao desespero e, em alguns casos, até à histeria. A lua de mel com a web parece ter acabado – e de forma dramática.

Somente agora, depois dos terríveis acontecimentos, os pais parecem ter compreendido que pré-adolescentes e adolescentes – apesar de à aparência física em alguns casos não fazer supor – *não são adultos, e, portanto, n*ão pensam e *não agem* como tal. São seduzidos por tudo que lhes pareça novidade, aventura, risco, e, especialmente, pelo que parece contrariar a autoridade parental. Razão por que há que se estar atento, e muito, ao que fazem na web. Não se trata apenas de proibir isto e permitir aquilo. E, sim, muito mais de supervisionar o uso, ao menos até se ter certeza de que, enfim, a maturidade chegou para seu filho... Quanto mais jovens, portanto, mais supervisão se faz necessária. E pensar que, muitas vezes, são os próprios pais que colocam os filhos em risco, levados pela pressão eficiente da frase *"só eu que não tenho"* que os jovens utilizam, com sucesso, sobre pais ávidos de atendê-los em tudo para "fazê-los felizes"! Felicidade, na cabeça de quem se deixa levar pelos conceitos subliminarmente inculcados pela sociedade de consumo, é *"ter tudo que os outros têm – ou mais"*. São pais que pensam assim os que fazem falsos perfis para burlar a norma do Facebook, por exemplo, que só aceita maiores de 13 anos em sua rede social. Sem considerar o risco a que expõem seus rebentos – e agora está bem claro que eles existem –, quem age assim está dando aula de falta de ética, na medida em que, burlando o pré-requisito de entrada, ensina aos filhos que, sob certas circunstâncias, é válido fraudar regras – e, por que não, as leis.

Pior é constatar o quanto esses mesmos pais se desesperam, quando se tornam cientes dos perigos a que expuseram aqueles a quem devem proteger. *Baleia Azul* é na realidade um desafio sádico, extremamente perigoso – especialmente para quem já tem tendência à depressão e ao isolamento. A notícia de que jovens estão se automutilando e até cometendo suicídio devido ao que o jogo impõe explodiu como uma bomba em todo o mundo. São 50 desafios que vão num crescendo e culminam com o último, que incita o jogador a dar cabo da própria vida, pasmem! A adesão inicial é espontânea; chega através de um convite (e-mail, WhatsApp ou outro aplicativo de mensagens) aparentemente inofensivo, mas os desafios vão gradativamente exigindo mais e mais do jogador, que é conduzido por uma espécie de "tutor". Para evitar que o jovem desembarque da insanidade, se utilizam de chantagem e ameaças à vida de familiares próximos, cujos dados eles conseguem nas próprias redes sociais, no perfil da vítima. Considerando que a divulgação do desafio se deu quase simultaneamente à exibição da série *13 Reasons Why* – em que uma mocinha de 16 anos se suicida, vítima de *cyberbullying* em um colégio de classe alta dos EUA –, dá para avaliar o terror que se instalou na cabeça dos pais. *E na de quem não é pai também.*

O que fazer? Jogar o computador e o celular pela janela? Cortar o acesso à web? Chegamos ao cerne da questão atualíssima. Primeiramente é preciso acreditar que *criança é criança*; ingênua, portanto, e fácil de ser cooptada por adultos *espertos*. Por isso, adiar o máximo possível o acesso às *redes sociais* é extremamente recomendável durante a infância até a pré-adolescência. Não se trata de proibir o uso do computador; trata-se de evitar as redes sociais, o que é bem diferente; e se trata, principalmente, de ensinar aos filhos *como usar a web de forma razoavelmente segura, antes de permitir o uso.* Sabendo que segurança total não se vai ter jamais na web – bem como no mundo ou na vida...

Por outro lado, vale saber que é perfeitamente possível usar sem maiores problemas, *desde que os pais estabeleçam algumas regras*, as quais exigem, porém, firmeza na operacionalização e consistência na supervisão.

Algumas das que considero fundamentais:

1) Se não for a *Baleia Azul* ou a série *13 Reasons Why*, será outro perigo que surgirá – certamente. Portanto, sejam adultos ou jovens, há que aprender a usar.

2) Postergue o uso da web pelas crianças, o mais que puder; utilize a legislação e as instruções de uso das redes e sites a seu favor – o que significa, na verdade, *a favor de sua famí-*

lia. Nada de pressa, portanto, nem de "jeitinho"! Seu filho não vai ficar traumatizado por não usar as redes sociais até os 13 anos! E não acredite se ele lhe jurar, de pés juntos, que "todo mundo usa" aos 10 anos.

3) Quando achar que seu filho tem condições para o acesso, permita. Mas estabeleça seu "manual de instruções" desde o início: tempo máximo diário de uso; canais e sites permitidos; canais e sites proibidos – são alguns itens que devem ser incluídos.

4) *Uso ilimitado de tempo* antes dos 16 anos é um risco que não se precisa, nem se deve correr. Use o boletim escolar como balizador para avaliar se permitiu tempo adequado ou excessivo de uso.

5) Tevê e computadores modernos vêm com filtros de fábrica! Use-os, sem medo nem dúvida! Se for necessário, acrescente outros. É só chamar o seu técnico que ele instala para você!

6) Deixe claro que, se os limites estabelecidos forem desrespeitados, a sanção será a interrupção de uso pelo tempo que você, pai, julgar suficiente para assegurar que a falta não voltará a ocorrer.

7) Faça seu filho saber que as sanções legais recaem sobre os pais, enquanto o filho for menor de idade (18 anos); portanto, você tem todo o direito de preservar sua idoneidade moral e social através desses cuidados.

8) Também vale a pena apresentar o lado positivo destas regrinhas: *Sabendo usar, não vai faltar!*

9) Lembre-se de alertar que pedofilia é crime passível de prisão. E que o simples fato de *armazenar* fotos de menores em trajes íntimos ou desnudos configura e permite o enquadramento do responsável pelo IP do computador na categoria de *pedófilo/a*.

10) Sim, existe idade e forma adequada de uso da web – mas envolve e depende de segurança dos pais, orientação clara e objetiva aos filhos e também de supervisão contínua, de forma a garantir os benefícios e a afastar, o mais possível, os riscos.

Gente, apareci na telinha!

Essa vontade irreprimível de ser "celebridade", que parece ter tomado conta do mundo, responde pela ascensão meteórica e pelo sucesso de redes sociais, como Twitter e Facebook. Quem não usa se sente meio carta fora do baralho – um "sem assunto". Afinal, já não são muitos que leem jornais e livros, então se conversa sobre quê? Mas "quem acontece" na web fica *famoso*, objetivo que parece ter tomado conta da maioria dos jovens – e dos nem tão jovens também.

Faz pouco tempo, era *notícia* quem realizava algo em prol da sociedade, do crescimento humano, quem descobria a cura de uma doença, quem projetava algo revolucionário. Hoje, parece que todos ou quase todos querem ser notícia. Está aí um *novo perigo*! E que perigo!

No imediatismo reinante em nossa sociedade, não dá para esperar o tempo necessário para se concluir um estudo profundo, uma pesquisa que pode levar anos, ou suar a camisa até se tornar um gênio da informática. Tem que ser já, pensam os *sempre conectados*!

E vale tudo pelos *15 minutos de fama*: se apresentar em trajes mínimos; fazer uma bobeira qualquer e mandar para as pegadinhas ou videocassetadas da vida; postar fotos em poses ridículas ou grotescas; aparecer só de calcinha (ou cuequinha) no YouTube, ou até em situações nada "pudicas", como nudez total e cenas íntimas de casal. Tudo parece valer a pena para aparecer. Aliás, alguém aí sabe o que significa *ser pudico*? É até capaz de ter gente achando, pelo jeitão da palavra, que se trata de nova marca de sobremesa...

É, parece que caiu em desuso ter compostura.

Recato: alguém conhece o termo? Sei, vão me tachar de careta os apressados de plantão. Ou de coisa pior. Mas não sou não: é que ser moderno e progressista não tem nada a ver com ser vulgar, escrachado, promíscuo. Ah, tampouco ser usuário de drogas é sinônimo de modernidade, de cabeça "aberta". Sim, porque muita gente apresenta esse sério problema mundial de saúde pública, que já dizimou mais vidas do que muitas guerras, dessa forma descompromissada, tipo, "eu sou descolado".

Fico me perguntando se as crianças que hoje estão crescendo vão acabar encarando virgindade e outros assuntos da forma que querem certos folhetins da tevê, compromissados apenas com audiência e dinheiro. Estranho lembrar que a revolução feminista, empreendida a partir dos anos 1970, lutava, entre outras coisas, para que a sociedade não discriminasse a mulher. Como isso parece longínquo! O que ninguém supunha então é que pudesse surgir outro preconceito no lugar: *ser virgem!* O que era visto como virtude e obrigação, até exageradamente, parece ter virado problema – em vez de ser encarado como algo que só diz respeito à pessoa. *Tadinhas* das novas gerações se acreditarem em tudo que as telinhas mostram... Só há um jeito – e precisamos agir rápido: ensinar os jovens a ler, a *gostar* de ler, a *adorar* ler. E, ao mesmo tempo, a não aceitar passivamente o que leem. Temos que desenvolver o pensamento divergente, a capacidade de criticar, pensar e analisar – e especialmente o que é apresentado como "o que todo mundo deve fazer". Isso se não quisermos deixar florescer uma sociedade cínica, debochada e sem alma, que não respeitará escolhas diferentes nem opções próprias.

Antídoto contra bobeira é pensar!

Bebês na web!?

Filhos são sempre únicos; quem tem sabe. E nem mesmo quem sonhou muito tê-los poderia supor amor tão imenso. Estou certa? Além do mais, seus filhos são lindos e muito, muito inteligentes! Também são os mais criativos e bem-dotados! Como não enlouquecer por eles?

E se eu lhes disser que a maioria dos pais é assim – e não é de hoje? Prova disso é que a famosa fábula de Esopo, aquela da coruja e do gavião, foi escrita há séculos! Se não conhece, vale a pena. Mas é bom que seja assim – coitado de quem não tem pais amorosos! Afinal, esse amor desmesurado é o primeiro espelho de cristal em que se mira o ser humano – e é o que coloca a autoestima para cima! Então, viva a *corujice*!

Uma coisa me preocupa, porém, porque há de fato o perigo de que quem vive *o presente, o aqui e agora apenas*, não pensa! A web – que faz parte da vida das novas gerações – tem levado mamães fashion a não se contentarem em exaltar as qualidades dos filhotes somente quando encontram amigos nas ruas ou festas. Para essas novas gerações, serem vistas por seus amigos das redes é equivalente a *existir verdadeiramente*. O deslumbramento é tal que vem se tornando comum encontrar quem exponha os pimpolhos aos olhos do mundo cada vez mais cedo. Fotografar seus bebês – cuidadosamente preparados em roupinhas superproduzidas – para postar nos faces e instagrans da vida vem virando febre. Sei, sei! São lindos, sem dúvida que são! Mas será que é tão sem contraindicações transformar os filhos, desde cedo, em minimodelos?

É preciso pensar muito antes de ceder a tais tentações! Por quê?

Porque assim como seus amigos irão se desmanchar com as lindas fotos que postam, pessoas desequilibradas que zapeiam por aí (e não são poucas) também poderão se apaixonar por elas. Só que não estarão cheias de amor: e sim de más intenções. Com anonimato quase total, quem está do outro lado do monitor pode ser qualquer um. Sádicos, pedófilos, ladrões.

O surpreendente é que muitas dessas apaixonadas corujinhas não lembram (ou não querem lembrar?) que sociopatas podem se aproveitar de informações indiretas que a web permite, perceptíveis em detalhes mínimos que nos passam despercebidos, mas que podem formar o mosaico esperado por quem está focado no mal. Nível de vida, local da residência, rotinas etc. são identificados e chamam a atenção de quem está plugado exatamente para tal fim. E o pior: é hábito que se forma na criança e não passa, pelo contrário. Em geral, continua e até cresce, quando as crianças já têm 4, 5 anos, e os próprios modelos-mirins já desenvolveram o gosto pela atividade narcísica – que querem repetir a cada nova indumentária ou gracinha.

Não seria mais prudente manter essas criaturinhas inocentes, em função de seu bem-estar físico e mental, o mais longe possível de monitores e seus possíveis predadores? Não seria mais natural deixá-las fora das redes pelo maior tempo possível e incentivar brincadeiras de pega-pega, boneca, casinha, jogar bola, em vez de serem estimuladas precocemente a apreciar roupas e a fazer caras e bocas frente a uma câmera?

É essencial analisar e definir quais as tarefas realmente importantes que a maternidade lhes trouxe. A resposta não será, com certeza, estimular vaidade precoce, consumismo ou "a importância das roupas de marca". Se não mantiverem o foco nas prioridades verdadeiras, podem bem se deixar envolver pelo que a sociedade plugada e exibida de hoje lhes passa – e, dessa forma, perder de vista a ideia de que não expor suas crianças já é *bem proteger*.

O uso do celular pelas crianças

Falar em tecnologia quase que obriga a abordar o mais amado de todos os gadgets: o telefone celular! Começou telefone e acabou mania nacional. O Brasil é o país que tem mais usuários de celular. *Uau!*

Ficamos entre os últimos em estudos internacionais como o PISA – que compara o desempenho em educação entre países –, e em primeiro no caso do telefone móvel! Triste, mas verdadeiro. É só andar pelas ruas ou estar num avião – nem bem encostou no solo e já se escutam dúzias de pessoas ligando para dar a importante notícia: "Cheguei!" Tão urgente que não poderia esperar mais uns minutinhos até pisar o saguão do aeroporto, como cansam de avisar os comissários de bordo e a maioria finge não ouvir. Em se tratando de crianças, é frequente pais me perguntarem com que idade *devem* dar celular para os filhos. Também perguntam se acho "certas" as escolas que não deixam as crianças usarem em sala – indagação feita em tom de crítica ou de justa incredulidade! A pergunta, pense comigo, já embute em si a resposta, ao utilizar um verbo que denota obrigatoriedade – e não possibilidade. *Celular é possibilidade*, especialmente quando se trata de crianças. Não é obrigatório ter!

A decisão de dar celular a quem tem 6, 7 ou 12 anos – não importa! – deve estar relacionada à comprovada capacidade de aceitar e cumprir normas de uso. Claro, se você não quer ter problemas depois...

A primeira providência a respeito é se informar sobre que tipo de uso é permitido na escola e na sala de aula. Exigir que seu filho obedeça ao que a escola definiu deverá ser *a primeira e inquestionável* premissa. Mesmo que você ache as normas inadequadas, nem pense em incentivar seu filho a desprezá-las. Se tem alguma observação a fazer a esse respeito, espere a próxima reunião escolar e, lá e apenas lá, exponha suas ideias a respeito.

Além disso, comunique as regras que acha importantes e só autorize o uso do telefone quando seu filho prometer clara e explicitamente adesão a elas. Em outras palavras, o direito de usar deve estar condicionado ao dever de atender às normas. Nunca tenha pressa de dar coisas materiais ao seu filho, por mais tentador que seja – e especialmente as que podem colocá-lo em risco. E o celular moderno, o *smartphone*, que vem repleto de outras coisas além da telefonia propriamente dita, como conexão de banda larga, redes sociais, máquina fotográfica, gravador, filmadora e acesso a joguinhos, é especialmente atraente e tentador para cabecinhas ingênuas. E é essa cabecinha despreparada para as malvadezas da vida que pode colocar seu filho em contato com pessoas mal-intencionadas.

Uma medida que não pode ser esquecida: habilitar os localizadores para que você possa verificar onde seu filho está.

Outra providência: colocar filtros e senhas para permitir o acesso apenas a programas que você considera adequados à idade do seu filho e para vedar a entrada em sites de conteúdo adulto.

Se ele lhe pedir para comprar qualquer coisa pela internet, inclusive as compras que vêm embutidas nos joguinhos virtuais, não permita. Se for comprar, compre você, mas dê preferência aos joguinhos que não embutam mais compras em seu interior.

E jamais caia na tentação de fornecer sua senha do cartão de crédito aos filhos. Eles podem esperar – sem traumas – ter a idade certa para fazer, por si e só então, essas compras.

Pode acreditar, o melhor da festa é esperar por ela.

Explicando o inexplicável

Por mais que se tente, é quase inevitável que crianças assistam às reportagens assustadoras que os noticiários apresentam. A mídia repete à exaustão qualquer coisa que possa reter o espectador. Programas são interrompidos para exibir novos detalhes sobre um crime terrível ou uma investigação tenebrosa, a qualquer hora do dia ou da noite. Não há a menor preocupação com quem está do outro lado da telinha. O que suscita nas crianças medos, inseguranças – e perguntas bem difíceis de serem respondidas.

Afinal, como explicar pais que matam filhos, netos que matam avós, crianças que atiram em seus professores? Há explicação plausível?

Adultos que somos, não temos respostas. Só hipóteses para explicar o que leva seres humanos a tanta prepotência, roubos ou à inacreditável situação em que pai e madrasta, mancomunados, atiram uma menininha de 5 anos pela janela. Como criar pessoas emocionalmente saudáveis num mundo onde loucura parece ser regra? Como dar segurança, se não a temos? Como criá-los para confiar, se devemos preveni-los "contra estranhos" ou para o uso adequado (restrito) de internet, telefone etc.?

Se, por um lado, precisamos mostrar a eles a realidade para que não cresçam despreparados para a vida, por outro, não podemos apresentar-lhes o mundo com fatalismo e derrota – porque corre-se o risco de eles perderem a fé e a confiança no futuro. Torna-se, pois, necessário, apresentar-lhes a realidade de forma aceitável, mas, ainda assim, não fantasiosa.

E ocorre que fatos chocantes atraem mais espectadores e leitores. E tudo que as mídias mais querem e precisam é de audiência, ou seja, leitores e espectadores. A norma não é notícia. O que foge a ela, sim. Pela maciça quantidade de tragédias que a mídia expõe, acabamos com o *olhar torto*: não conseguimos mais acreditar nem enxergar os milhões de seres humanos intrinsecamente honestos que trabalham diária e corretamente país afora, ainda que em troca de mísera remuneração. Enquanto os íntegros continuarem firmes e não se deixarem corromper, a ação educativa junto às novas gerações ainda será passível de sucesso. Mas, se os que educam perderem a capacidade de luta, aí realmente nada terão a dizer a não ser: "Cuidado, o mundo (inteiro) é mau." Precisamos lembrar que "o mundo", "o homem" – todas as generalizações – são abstrações; o que realmente existe é *cada ser*: milhões de "individualidades" que, em conjunto, irão constituir *o mundo* ou *a humanidade*.

O que temos de explicar se nos perguntam: "Se eu não me comportar, meu pai vai me jogar pela janela?", é que existe todo tipo de pessoa: agressiva ou meiga, honesta ou corrupta, desequilibrada ou justa. Que cada um de nós pode ser o que quiser: mocinho ou bandido, herói ou vilão, do bem ou do mal. É essencial focar a diversidade do ser humano, assim como a capacidade pessoal de tolerar fracassos ou limitações e a necessidade de aceitar limites (pessoais e sociais).

Convém ponderar também – claro que de acordo com a idade e a maturidade de cada um – que o número de pessoas desonestas, violentas e desequilibradas pode aumentar muito quando a sociedade (leia-se, governantes) deixa de fazer o que lhe cabe. Emprego digno, educação e tratamento justo para todos diminuem muitíssimo a violência. Corrupção e impunidade, ao contrário, aumentam-na geometricamente.

Quando for hora, mostre-lhes que *ainda* não temos uma justiça de fato "cega", mas que esse dia pode chegar – com a ajuda de cada um dos que lutam pela harmonia entre os homens. E, enquanto esse dia não chega, vá mostrando-lhes que, na própria vizinhança, há meninos mais e menos legais, assim como há os agressivos, os educados e os mais afetuosos. Deixe que aprendam a ver diferenças de caráter como sinais da diversidade, mas também como *bons referenciais para escolhas*. E que tudo isso somado (diferenças individuais somadas à impunidade e às injustiças sociais) é que faz com que alguns matem e outros lutem honestamente. Por isso temos criminosos, mas também pessoas íntegras em todas as classes sociais.

Dedique-se a ensiná-los a escolher *os bons*. Diga-lhes, finalmente, que o mundo espera por eles – com muito trabalho pela frente, mas o *bom trabalho,* o que leva à superação das crises, ao crescimento e ao progresso.

A tarefa prioritária dos pais

Os últimos quarenta anos parecem ter sido os que mais mudanças trouxeram para a família. Tanto que os pais se perguntam: qual é o objetivo da educação na família? O que é ser *bom pai* hoje? E o que é um *filho legal*? Não faz muito tempo, ser "um bom menino" significava, como dizia o palhaço Carequinha, "não fazer pipi na cama nem fazer má-criação", caprichar no trabalho de casa, arrumar o quarto, respeitar os mais velhos: tarefas razoavelmente fáceis de aprender. Afinal, valores como honestidade e integridade não estavam em discussão. Hoje, significa não apenas saber o que é certo ou errado, mas também *conseguir se opor* a atitudes que contrariam o que se vê na sociedade – o que não é fácil para adultos nem para crianças.

Opor-se ao grupo e fazer escolhas adequadas demandam forte grau de segurança. E, para tanto, nossos filhos têm que estar certos de que solidariedade, justiça e honestidade não estão "fora de moda". Precisam acreditar que, mesmo quando *parte* dos homens não respeita esses princípios, não há a mínima condição de vivermos seguros sem eles. Como convencê-los, no entanto, se as mídias, as atitudes de muitos adultos, certos programas de tevê e mesmo algumas músicas os bombardeiam com mensagens antiéticas?

Criar adultos dignos – tarefa prioritária da família – depende basicamente de duas coisas: da maneira pela qual nós, pais, vivemos o dia a dia, e da confiança que temos nos valores que guiam nossas ações. É necessário não só sermos íntegros, mas também não duvidar da força dos nossos princípios. Quando crianças e jovens percebem a segurança inabalável na retidão, na cooperação e na honra em seus mais fortes modelos (os pais!) – *independentemente do que estejam fazendo vizinhos, parentes e amigos* –, muito provavelmente também eles acreditarão. Se, ao contrário, já que há tanta corrupção e impunidade, os próprios pais começam a lassear seus conceitos ou a repetir diariamente "que o Brasil não tem jeito", em que seus filhos irão acreditar?

O perigo maior para os jovens não são as drogas: é não crer no futuro e na sociedade. A falta de esperança, essa sim, é que pode levar à depressão, ao individualismo, ao consumismo exacerbado, ao suicídio, à marginalidade e às drogas. Já a convicção num caminho produtivo a ser trilhado faz com que eles progridam, estudem e realizem. Para ter essa confiança, porém, é preciso que convivam com pessoas que não apenas vivam de acordo com esse modelo, mas também que não se deixem abalar pelas notícias negativas veiculadas pelas mídias. Existe sim gente desonesta, o que não significa que muitos outros não sejam dignos e corretos.

Muita gente acha que ensinar integridade é impossível, porque ignoram que isso se faz basicamente através de exemplos de vida. Se os pais vivem de acordo com princípios, estarão encorajando os filhos a seguirem seus passos. Quer dizer, não mentindo, respeitando a lei, não querendo mudar as regras do jogo de acordo com as suas conveniências, e, especialmente, não disseminando amargura e descrença simplesmente porque nem todos agem de maneira honesta. Na maioria dos casos, será o suficiente para que os filhos incorporem tais valores. Afinal, não podem contestar: seus pais vivem de acordo com o que defendem! É a nossa integridade que fundamenta a construção da identidade cidadã das novas gerações.

Tem coisa mais importante?

PARTE 2

Dia a dia com filhos

Cheque seu carro antes de trancar!

Parece até que "virou moda" esquecer filho no carro! A onda de eventos dramáticos, que só no Brasil deixou três criancinhas mortas recentemente, não acontece apenas aqui. Nos Estados Unidos, *cerca de quarenta crianças morrem por ano* devido a isso!

Um estudo recente comprovou que, nos EUA, 11% dos pais já esqueceram um filho no carro, percentual que sobe para 25% se computadas apenas crianças de até 3 anos! A *Forgotten Baby Syndrome* (Síndrome do Bebê Esquecido) não é prerrogativa nossa, mas, ainda assim, crianças não podem se tornar vítimas da distração de seus pais.

Artigos apontam o uso excessivo de celulares e redes sociais como razão dos esquecimentos e ressaltam: pais amorosos também podem cair nessa armadilha. Tais publicações caminham, pois, na trilha que isenta de responsabilidade os que, em sã consciência, decidem digitar ou ler o que lhes enviam amigos do "Face", Twitter, Instagram e outras redes sociais, mesmo estando com uma criança sob seus cuidados, no carro – e na vida! Um *novo perigo* que, de fato, vem rondando as criancinhas, especialmente as menores, que não têm como se defender!

A única explicação para o inexplicável é o descompromisso com o outro; a incorporação de valores materiais equivocados; a preocupação prioritariamente com o *próprio prazer* e o *próprio umbigo*. Analisar qualquer fato unicamente pela ótica de quem pratica delitos conduz a que descuidemos da vítima. O fenômeno, repito, está diretamente ligado à supervalorização do interesse individual *em detrimento do social*. Será aceitável atribuir *ao celular* a responsabilidade sobre a vida que geramos? Há explicação que justifique um pai se esquecer de deixar o filho na creche ou a mãe trancar seu bebê num carro para ir à manicure? Sei que todos esses desafortunados estão sofrendo muito – e continuarão a sofrer pela própria leviandade. Não julgo – antes sofro por eles, pais condenados a sofrimento sem alívio, e por suas crianças que morreram; também pelas que ainda morrerão por motivo fútil.

E é para evitar sofrimento que sugiro: *pensem antes de agir!* Se ama seu filho, se pergunte se o que vai fazer é *mesmo essencial* a ponto de deixá-lo correr riscos evitáveis. E pense mais: por que tantos burlam leis por um prazer irrisório? Como não fazer conexão desse tipo de atitude com a questão dos valores? Como não relacionar o que vem acontecendo com o ideal de apenas fazer o que se deseja naquele momento?

Não se tem filhos *porque todo mundo tem...*

Ter filhos é assumir décadas de cuidados que o ser humano demanda até se tornar adulto. Mas, na nossa sociedade frívola, parece ter se tornado mais um item de consumo: todos têm festas supimpas nos vários casamentos vida afora, todos têm que ter tudo que os amigos têm – inclusive filhos. Só se descobre – às vezes tarde demais – que alguns dos nossos atos trazem consequências irreparáveis. Além de ser "fofo", ter filho dá trabalho e exige dedicação e atenção constantes.

A renúncia fácil é a que demanda desligar celular e tablet para zelar por quem, afinal, é *sangue do seu sangue*!

Difícil hoje é superar o bombardeio das mídias, a ponto de ficar certo e seguro de que pode abrir mão – sem pestanejar – de uma série de modismos, para se responsabilizar pela aventura eminentemente de doação, que é criar filhos.

Dormir, um sonho!

Quando o primeiro filho nasce, depois de meses de ansiosa espera, é comum o casal se desestruturar ao se deparar com a desgastante sequência de noites maldormidas que torna o cansaço uma constante. Há gente que se recrimina e se sente péssimo ao perceber que seu único desejo é uma boa noite de sono, sem interrupções nem sobressaltos. Dormir vira obsessão, visão de oásis no deserto. Mas não precisa se sentir assim!

Em verdade, é praticamente impossível controlar a necessidade de sono após dias e dias sem dormir com qualidade. É uma das necessidades básicas do ser humano – tal como comer e beber. São necessidades primárias (no sentido de *primeiras*), que só dão espaço a que surjam outras, quando estas são atendidas. Com fome, sono e sede o ser humano só quer e só deseja comer, dormir e beber água!

A falta de um sono reparador, por noites e semanas seguidas, muda a percepção de mundo, enfraquece ideais – tudo!

Então, não se recrimine. E saiba que esse é um dos menores e mais simples problemas que terá que resolver. Apenas tenha calma e, especialmente, se organize para que tudo caminhe sem sofrimentos desnecessários. O bom é saber que essa fase acaba! E passa mais rapidamente se soubermos agir de forma adequada. Quem é sortudo e tem um bebezinho tranquilo (os raros anjinhos que só acordam para mamar) não pode supor quão mais cansativa poderia ser a jornada. É normal, portanto, que os pais se sintam esgotados até o final do primeiro ano de vida do filho. Afinal, bebês acordam, choram, ficam com frio, fazem caca – várias e várias vezes ao dia. E à noite, idem! Embora pareça, a quem está sem dormir, que essa fase nunca terminará, as coisas entram nos eixos sim, acredite!

Mas há algumas providências que ajudam:

Não tire a criança do berço cada vez que ela acorda à noite, nem acenda a luz. Se necessário, para que você possa localizar o que precisa, acenda um abajur – de luz bem suave –, assim o bebê não desperta inteiramente. Em poucos meses, seu bebê não necessitará mais de tantas mamadas noturnas: siga o que o pediatra orientar. Mas, como cada caso é um caso, se o seu filhinho acorda com frequência a cada noite, vai ser preciso fazer um revezamento, senão ninguém aguenta: às segundas, quartas e sextas, você atende o filhote à noite. Às terças, quintas e sábados, o seu companheiro. Aos domingos, podem se alternar. Assim cada um dormirá bem num período e estará bem-disposto para o turno seguinte.

Outra coisa: não corra logo ao primeiro chorinho. Muitas vezes as crianças dão uma resmungada... e voltam a adormecer. Se você corre ao primeiro gemidinho, acostuma a criança a isso. Então, dê um tempinho antes de sair correndo para o berço. Se o gemido cessar, ótimo! Se, porém, continuar e for ficando mais forte, então sim. Tem que verificar mesmo!

Saiba também que quase todos os bebês acordam cedo, tipo, cinco da manhã! Afinal até um aninho, eles quase só dormem... Isso é normal. Deixe alguns brinquedos na caminha para que ele se entretenha ao despertar; com isso, vocês terão mais um tempinho de descanso e estarão incentivando seu bebê a brincar sozinho – o que é muito positivo.

Lembre-se: o tempo passa rápido, logo essa fase terminará e tudo ficará bem.

Ah, um alerta final!

Não ceda à compreensível tentação de colocar a fofura na cama com vocês, a pretexto de que todos possam dormir. É uma armadilha deliciosa, mas que dará muito trabalho depois.

Prevenir continua sendo melhor que remediar.

Babá ou creche?

Você está prestes a voltar ao trabalho deixando em casa aquela figurinha doce e tão amada. O coração se aperta... Quatro meses se passaram num piscar de olhos; agora é decidir: babá ou creche? *Tadinho,* você pensa, com o coração sufocado.

É decisão difícil, sim, por isso mesmo deve ser feita com calma, porque a emoção não é boa conselheira. Primeiro é preciso definir o que vocês, pai e mãe, desejam. Ideal é começar bem antes de a licença se esgotar. E como é raro hoje poder prescindir do trabalho, provavelmente o que precisará ser definido *é onde e com quem a criança vai ficar.*

Por mais que todos afirmem que creches são os locais ideais, é preciso estar pessoalmente convencido. São muitos os medos: medo de a criança não se sentir feliz; de dividir o amor dela com outras pessoas; de que ela se sinta abandonada etc. Praticamente todos têm esses momentos de angústia, porque o que se sente pelos filhos só compreende quem também os tem.

Qual a melhor idade para colocar na escola? Como ter segurança de que se está tomando a melhor decisão? Até 2 anos, se um dos pais não trabalha fora e pode ficar com a criança, ótimo: é extremamente importante essa convivência. E, a não ser que haja uma abençoada vovó disponível, a melhor decisão é selecionar bem a creche.

Os argumentos mais comuns dos que preferem deixar o filho em casa são: na creche a criança fica mais exposta a doenças; outras crianças podem agredi-la; vai aprender um monte de coisas inadequadas, palavrões e outras bobeiras. Realmente, a criança poderá correr alguns desses riscos – ou todos. Considerando, porém, que em casa outros mais graves e mais difíceis de detectar existem, vale a pena pesar as *vantagens* das escolas. Matematicamente falando, os perigos tornam-se pequenos comparados aos ganhos.

Comece respondendo:

Até quando poderá manter seu filho numa redoma? Mais um ano? E nesse ínterim, ele não vai se relacionar com crianças no play ou na pracinha? E a babá não vai também se relacionar com ele? E, ainda que *todas* as babás fossem eficientes e carinhosas, você poderá acompanhar o tempo todo a forma como ela cuida do seu filho? Logo, um benefício imediato é o fato de que, na creche, seu filho sai da dependência de *uma* pessoa, passando para a de várias, quase sempre treinadas e *supervisionadas*. Não quer dizer que por essa razão nunca, jamais, criança alguma será maltratada em creches. É impossível dizer isso sem faltar com a verdade. No entanto, a possibilidade de isso ocorrer é bem menor. Afinal, trata-se de uma instituição que tem educadores na direção. E, convenhamos, quem monta uma empresa (sim, ainda que sejam empresas especialíssimas, creches e escolas, são, sim, empresas) precisa ter sucesso para sobreviver! Precisa, portanto, fazer a criança amar estar lá, assim como fazê-la progredir. Os pais rapidamente percebem os ganhos indiscutíveis dos filhos, nos planos intelectual e social.

Além disso, em contato com outras, a criança se torna mais sociável, menos egocêntrica e mais tolerante. Fora que crianças adoram conviver com gente do seu tamanho. Já observou o encantamento de um bebê que, na rua, de dentro de seu carrinho, se depara com outro? As trocas emocionais e as aprendizagens sociais são processos que só se efetivam nesses contatos. Sem falar no trabalho incrível que professores especializados em educação infantil promovem. As atividades pedagógicas diárias influenciam positivamente na alfabetização – e durante todo o ensino fundamental.

Outro ganho precioso: estando na escola, diminuem muito o tempo e a precocidade da exposição da criança à tevê, às redes sociais, aos joguinhos – internet, enfim! Com isso, ganha-se um bom tempo – por vezes, anos! – antes que esses novos riscos comecem a seduzir nossos filhos. Não dá para pensar duas vezes, dá?

As sanções necessárias

Não é raro ouvir pais afirmando que seus filhos só obedecem quando "lhes sapecam umas boas palmadas", outros dizendo que as ideias que defendo em meus livros não funcionam "no caso deles", e que só batendo nos filhos é que conseguem dar limites. E me pego pensando: Palmadas *boas*? Isso *existe*?

Desobediência, rebeldia, teimosia – quando muito frequentes – costumam estar ligadas à falta de segurança e de diretrizes educacionais dos pais. Pais que não têm clareza dos seus objetivos ao educar costumam estabelecer regras segundo seu estado de espírito no dia a dia. Razão por que em geral emitem ordens sem convicção, e precisam repeti-las dezenas ou centenas de vezes... Afinal, há dias em que a regra vale e outros em que não!!! São pais que agem pouco – mas falam e brigam muito!

Não é de estranhar, portanto, que, diante de um ambiente confuso, os filhos não sintam que regras e ordens são, de fato, para serem cumpridas. Tornam-se, por isso, renitentes e desafiadores.

E assim, entre brigas e gritarias, vai-se levando a vida – até que a situação começa a incomodar muito. Quer dizer: quando todos já estão à beira de um ataque de nervos, os pais costumam lançar mão – que pena! – da palmada. E, nem que seja pelo susto ou medo que causa, acaba tendo um resultado "aparentemente mais eficiente e imediato".

O problema é que essa inconstância traz consequências – e podem ser até bem sérias, em alguns casos. Uma pena, porque nada disso precisa acontecer!

A boa notícia é que, quando os pais percebem suas incongruências – e mudam de atitude –, os filhos mudam também. Mas isso só funciona se a mudança for constante. Claro! Se não, caímos na mesma situação de altos e baixos.

Não é tão fácil como seria se tivessem agido desde o início da mesma forma, porque as relações já estão contaminadas pela incoerência, insegurança e inconstância. A reversão do processo pode ser lenta, proporcional ao período em que a falta de limites e a incoerência predominaram. Ainda assim, as chances de sucesso no restabelecimento da autoridade e da harmonia familiar são bem altas. Bom saber disso, não é?

Trocando em miúdos: se você deixava seu filho de 2 anos usar o tablet a qualquer hora e pelo tempo que desejasse, não espere que ele aceite de bom grado – nem de imediato – reduzir o tempo de uso nem o tipo de apps e joguinhos que poderá usar daqui para frente! Afinal, ele estará "perdendo" algo nessa nova situação. É, querido papai, as crianças são sabidas... Então, começar certo funciona melhor. Mas mudar enquanto é tempo vale muito a pena também, com certeza! Afinal, quanto menos precocemente estiverem expostos, melhor.

Mas atenção! Se a cada pequena derrota (quer dizer, cada vez que os filhos insistirem ou tiverem um chilique) os pais voltarem ao sistema antigo (falta de autoridade e castigo físico), o processo pode desafinar de vez!

Se os filhos, porém, insistem em não aceitar as regras mínimas de convivência saudável, a *sanção* – e não a agressão física – é um instrumento válido de socialização. No entanto, para funcionar como queremos (buscando formar o cidadão), é necessário que se sigam algumas premissas básicas:

A sanção deve ser aplicada logo que se percebe que as demais alternativas não surtiram efeito (diálogo, tentativas de convencimento etc.) – *nunca dias ou horas depois.*

Deve ficar claro que a sanção foi aplicada porque a criança não se comportou direito; e que o mesmo ocorrerá sempre que outras formas de entendimento não trouxerem as respostas desejadas.

Deve ser de *rápida consecução* e de *duração curta.* Sanções longas, tipo "*ficar uma semana sem ver tevê*", fazem a criança esquecer o motivo por que está sendo castigada, o que elimina seu efeito educativo; quanto menor a criança, menos tempo de duração.

Estabelecida, a sanção deve ser aplicada e cumprida – ainda que o filho peça desculpas ou diga que se arrependeu. Perdoar a atitude incorreta é válido, desde que os pais percebam que a criança de fato não tornará a fazer. Mas desculpar seu filho porque ele chorou, beijou, gemeu e seduziu, apenas para evitar a sanção, é extremamente contraproducente.

Se a sanção for liberada por pena ou ansiedade pessoal dos pais, pode ter certeza de que cada nova sanção gerará mais resistência.

Se perceber que errou ao julgar e sancionar, volte atrás; deixe claro, porém, que *ser justo* não tem nada a ver com *ser fraco*. É produtivo a criança saber que adulto também erra e que não teme voltar atrás – o que é bem diferente de ser indeciso ou fraquejar.

Se os pais divergem com relação à necessidade de aplicar uma sanção, adiem. Mas, logo a seguir, conversem em particular, longe da criança, até que cheguem a uma posição única. Nada pior que um aplicar sanção – e o outro retirar. Isso desautoriza completamente quem castigou e favorece que a criança resista à sanção da próxima vez.

E, finalmente, vale lembrar que, em alguns casos, ajuda profissional pode ser necessária – caso os pais não consigam mudar de atitude ou as coisas já estejam num nível importante de agressões físicas e/ou psicológicas, tornando impossível uma convivência saudável.

Crianças precisam ter algumas certezas para crescerem saudáveis: uma delas é a de que seus pais agem de determinada maneira, porque sabem aonde querem chegar!

Chilique, a raiva que assusta

Uma leitora me escreveu: "Meu filho tem um ano e meio e, a qualquer contrariedade, ele bate no meu rosto, morde, ou puxa meu cabelo!" Outro leitor descreve situação semelhante, sendo que a criança morde a si própria, e não aos pais. Ambos completam o depoimento dizendo, angustiados, que, quando consultam as cuidadoras e os professores das creches onde os filhos estão, escutam, boquiabertos, que "são fofos, não dão trabalho algum!". Querem saber como agir, estão temerosos e precisam de ajuda, me dizem. Não são poucos os que me perguntam se devem levar o filho a um psicólogo.

A resposta é "não"! Criancinhas dessa idade não precisam de terapia. Aliás, nem são aceitos.

Os queridos papais só precisam colocar em prática o seguinte:

Morder, se jogar no chão, atirar brinquedos ou o que estiver a seu alcance assusta somente os que ignoram que essa é a forma de expressar raiva por parte de quem não conhece ainda outra maneira de externar sentimentos. Pode sumir tranquilamente em poucas semanas, mas o perigo é se tornar atitude constante todos os dias, a cada contrariedade! Porém, isso só ocorre *caso não se atue de forma educativa.*

Se a criança age assim só com a mãe, a avó ou o pai é porque sabe que pode fazer isso. E com outros não faz porque percebe que há um limite. Portanto, cabe a quem é agredido mostrar que não aceita tal atitude.

É preciso fazer a criança pequena compreender que há diferença na forma como você a trata, quando ela age adequadamente – e quando não o faz. Na verdade, ela já sabe. Tanto que age de forma diferente com estranhos. Então, ao ensinar que cada ação corresponde a uma reação, você a estará ajudando a compreender o que é a vida: se você é agressivo ou inadequado com as pessoas, recebe frieza, agressão ou afastamento; sendo socialmente adequado (quer dizer, educado) recebe carinho e afeto.

Sempre que seu filho bater em você ou o agredir da forma descrita ou de outras, mude de atitude *imediatamente*. Sem brigar – e sem explicar demais. Se estava brincando, pare de brincar – e diga com clareza por que parou (e, por favor, apenas uma vez!). Complete explicando que só vai brincar novamente *quando ele se comportar*. É o suficiente. Faça cara séria. Não diga isso sorrindo – ou rindo. E, por uma ou duas horas, *não brinque mais mesmo*. Claro, atenda a outras necessidades (se for hora do lanche, sirva e alimente-o, mas sem conversa; se estiver molhado, troque-o, e nada de beijinhos), mas com certo distanciamento, calado, para que seu filho compreenda que quando agride o que vem a seguir não é legal. *Não bata, não agrida, não grite*. E não fale nada mais a respeito. *Apenas aja!*

Ele entenderá rapidamente, e, mais ainda, se a atitude for sempre a mesma. Por isso, repita esse afastamento cada vez que o comportamento inadequado surgir.

Em poucas semanas, a agressão deve cessar: e, se todos os que cuidam da criança agirem da mesma forma, funcionará ainda melhor.

Lembre-se de que se você, por um dia sequer durante esse processo, fraquejar, demonstrar pena ou agir de forma dúbia, terá que reiniciar tudo! E da estaca zero! Por isso, persista. Se fizer isso cinco ou seis vezes, e sempre da forma que descrevi, o comportamento simplesmente desaparecerá.

Nessa faixa etária, a criança demora um pouquinho para formar conceitos. E é pela repetição da situação que ela finalmente consegue entender a regra – e interiorizá-la. Para o bem ou para o mal.

O *perigo* de deixar a criança agredir você é que ela começa a formar este conceito socialmente inadequado e negativo (que poderá, no futuro, trazer muitos dissabores para a criança e para você): *Posso bater nas pessoas para conseguir o que quero!*

Poderá, no entanto, formar outro tipo de conceito: S*e bato ou mordo, as pessoas se afastam e não me dão carinho!*

É dessa forma que comportamentos inadequados se mantêm – ou desaparecem.

Qual será a sua escolha?

Agora eu era o quê?

Cada vez que encontro meus netos queridos, eles se encarregam de me "atualizar" em relação às suas brincadeiras favoritas. Não, não riam. Atualização na área do brincar é uma necessidade hoje, porque a invasão de novidades nas brincadeiras chega a ser sufocante. Não dá para acompanhar se não se tiver um bom tutor... E as crianças se tornam automaticamente os "professores" ideais para seus avós.

Ah, que gostosura tê-los para me informar sobre a funcionalidade de cada nova aquisição! Fico maravilhada com a perfeição dos brinquedos modernos: a casa da Barbie, por exemplo, é simplesmente incrível! Tem armário com porta que abre e fecha, cabides, cama, colcha e até *dossel* (mesmo que crianças do século XXI não saibam o que é, e muito provavelmente nem seus papais)! A banheira tem torneirinha; a cozinha é provida com fogão e geladeira; na sala, a mesa com cadeiras e sofá são destaques. Há também apetrechos de maquilagem. E a Barbie exibe-se em trajes de praia, festa e esportes.

A "amarelinha" que meus netos pulam é exatamente igual a que eu pulava, mas agora é sofisticada: pintada com tintas de tons alegres ou construída com placas fofinhas nos playgrounds e pátios escolares, não apagam com a chuva nem com centenas de pezinhos alegres;

seus números são bem visíveis, enormes, e a marca o*nde está cada um* é feita com um pequeno peso de material que não estraga fácil.

E os livros? Agora são DVDs com música para a criança ouvir o tema dos personagens enquanto folheia o livro; em alguns, é só áudio e vídeo para que possam escutar histórias mesmo que a mamãe não esteja em casa – o que, por outro lado, libera os pais para atividades como academia de ginástica, salão de beleza etc.

As bonecas comem, mamam e até tomam sorvete! Um espetáculo! Só que, cada vez que "estagio" sobre essas novidades incríveis, fico me perguntando se é mesmo positiva essa reprodução tão exata do real. Porque, por exemplo, na minha infância, jogar amarelinha envolvia desafios emocionantes: tínhamos que arranjar giz ou certo tipo de pedra que riscava o chão de modo a ficar visível o "branquinho" das nossas tremidas linhas; tínhamos que comer banana – para poder usufruir da casca, o melhor marcador da época; além disso, era preciso ficar de olho no céu, porque se São Pedro resolvesse lavar a casa, teríamos que começar tudo de novo depois!

Brincar era muito criativo: a cada meia hora, podíamos imaginar ser – como na composição "João e Maria" do Chico – heróis, princesas, sapos, polícia ou ladrão...

Mas será que não é afetivamente melhor os pais se sentarem com os filhos e contar historinhas com sua voz amada (e que se faz inesquecível, depois)?

O que as crianças cibernéticas terão para lembrar no futuro? Como repassarão a seus filhos momentos tão insubstituíveis para o equilíbrio emocional – se não os tiverem vivido?

Hoje as crianças aprendem cedo a usar tablets e memorizam senhas antes mesmo de aprender a ler! Serão eficientes no uso de computadores e redes, sem dúvida.

Serão, no entanto, exímios também na arte do conviver saudável? Terão capacidade de desconfiar, analisar e criticar aquilo em que as mídias querem que elas acreditem? Ou viverão de acordo com o que as telinhas quiserem?

Quantos tombos precisarão tomar até perceberem que é olhando nos olhos que se revelam as mais lindas verdades?

Esse é o perigo! Nada a imaginar, nada a criar. Tudo está ali, pronto! Concreto. Preto no branco. E o sonho, onde fica?

Que tal equilibrarmos as coisas, e começar a diminuir o impulso de dar, dar, dar... sempre e sempre mais e mais presentes, gadgets e roupas?

Que tal dar um tempo antes de comprar novos brinquedos, perfeitas reproduções do real, para que as novas gerações possam sonhar e imaginar: *Agora eu era o quê?*, na próxima brincadeira?

Bons modos ainda estão na moda?

A expressão "bons modos" vem sendo considerada por muitos como sinônimo de outra, as "regras de etiqueta". A primeira, no entanto, refere-se a atitudes que propiciam convivência harmônica e civilizada. Espera-se que todos a utilizem em qualquer lugar e hora.

Já as regras de etiqueta são normas utilizadas em ocasiões formais, e variam de acordo com a importância social das pessoas e instituições envolvidas. É um *protocolo de tratamento.* Deve ser usado por quem se dirige a parlamentares, presidentes e ocupantes de altos cargos dentro de uma hierarquia institucional. Por exemplo: nos contatos com membros de famílias reais... Podem soar incompatíveis com a informalidade dos dias atuais, mas ainda são respeitadas. E é bom que assim seja. Afinal, se encontrarmos o papa ou o reitor de uma universidade, não vamos falar "E aí, tudo na paz?".

Os bons modos, no entanto, constituem uma forma positiva e saudável de nos relacionarmos socialmente. São normas que devem ser praticadas sempre, e por todos, porque melhoram as relações interpessoais.

Ambas as categorias são regras criadas pelo homem e, portanto, aprendidas. Ninguém nasce sabendo como comer educadamente à mesa, nem como devemos nos dirigir a uma senhora de idade se não nos ensinarem.

É comum encontrarmos pais que alegam que o pouco tempo de convívio familiar da atualidade os impede de ensinar o que nossos pais e avós não titubeavam em exigir. E, no entanto, educar não carece de um tempo específico, porque a melhor forma de ensinar nossos filhos a serem gentis e educados é sermos nós próprios gentis e educados.

Pais que se agridem e não se respeitam dificilmente terão sucesso ao ensinar o que eles próprios não utilizam. O *exemplo* continua sendo o melhor método de ensino... A variável *tempo* não faz diferença, portanto, em relação a ensinar as novas gerações a adotarem hábitos de respeito e convívio saudável. Bastam o jantar diário e os fins de semana conjuntos para que aprendam bons modos. É preciso, porém, que os pais tenham realmente esse tipo de conduta e o vejam como um objetivo a ser alcançado. Porque assim, sempre que a criança interromper uma conversa ou comer com a mão, automaticamente, será lembrada disso. Uma simples oportunidade concreta como a citada ajuda a formar o hábito.

Evidentemente é preciso estar convencido de que é importante – afinal, criança educada é uma gostosura, não é mesmo?

Atenção, porém, para não transformar tudo isso em obsessão. Um pouco de bagunça, de vez em quando, não faz mal a ninguém e não deve ser confundido com falta de modos. Amarrotar e manchar a camisa rolando na terra não tem nada a ver com falta de educação. Distinguir as duas coisas é importante para não se cair no exagero.

A função brincar – e se sujar – faz parte de uma infância bem vivida e é essencial para futuras aprendizagens. Portanto, ensinar bons modos é importante, mas sem compulsão. Aos pouquinhos, lembrando a criança com afeto e... repetindo muitas e muitas vezes!

Sei, cansa, sim! É até irritante, mas é papel dos pais (ou de quem cria). Sim, são anos de trabalho constante, mas farão com que as crianças interiorizem os conceitos e, aos poucos, se transformem em criaturinhas adoráveis. Além de lindas e inteligentes, claro!

O perigo de entender "ser educado" como sinônimo de *etiqueta* é se transformar em esnobismo ou superficialidade desnecessária. Foi o que levou algumas famílias a abandonarem o seu ensino.

Felizmente, esse é um *perigo* menor, e pode perfeitamente ser revisto. Basta abandonar os excessos e focar no que, de fato, importa hoje em dia, sem tanto formalismo ou exageros.

Afinal é tão mais agradável começar o dia ao lado de pessoas que trazem um sorriso (perfumado!), um bom-dia nos lábios, e terminá-lo com um abraço gostoso, acompanhado de um simples "boa noite"...

Duvido que alguém negue que assim se vive melhor!

Criança alguma obedece sempre

Uma das tarefas mais difíceis – e que a maioria dos papais amorosos detesta – é *se fazer obedecer*. Por até uns vinte anos, pelo menos (socorro!!!), crianças sempre tentarão optar pelo que lhes for mais agradável; portanto, e por mais desgastante e cansativo que seja, você terá que se interpor entre o dever e o prazer...

Não se desespere, pois, se um belo dia o seu filho encantador – que você esperava fosse o número um em tudo na vida – lhe disser: "Não quero fazer o trabalho hoje, quero jogar bola..." Não, você não é o único nem o último pai que ouvirá isso. Não se desespere; ele não é um fracasso. De forma alguma! Ele está apenas tentando entender o que é o mundo que o cerca, que valores movem a sociedade, e que atitudes são aceitas e quais são condenadas. Tudo absolutamente normal, garanto!

No entanto, e por mais desgastante que seja, é necessário *dar o que os filhos precisam*. No caso, aqui, condições para que compreendam as regras e valores com os quais conviverão por toda a vida.

Aja, pois, calmamente – e sem se alterar. Porque você o fará ainda centenas de vezes... Então se descabelar para quê? Diga que sim, que ele jogará bola, sem dúvida! *Mas* (e frise o "mas") *só depois que terminar as tarefas escolares*. E diga isso num tom que mostre firmeza e decisão. Encaminhe-o ao local de estudo e diga que assim que ele terminar – e se fizer tudo caprichadinho – irá jogar muitas partidas de futebol.

Quando ele disser que acabou, confira se foi feito *mesmo* com capricho. Se estiver bem-feito, não se esqueça de dar *aquele* incentivo, um cheirinho, um sorriso e aquela frase fundamental: "Sabia que você era o máximo!" E abra a porta para ele ir bater sua bola com os amigos!

Agora, se você vir que tudo foi feito correndo, cheio de emendas e borrões, não brigue. *Mas também não deixe por menos*. Com calma – mas com determinação –, mande-o refazer tudo o que estiver malfeito. E avise: "Não faça correndo novamente, faça bem-feito como você sabe fazer. Assim terá mais tempo para o futebol!"

Se tiver que mandar refazer duas ou três vezes, não hesite. Você terá esse tipo de trabalho algumas vezes, depois ele terá compreendido que o que você fala *é para valer*. E não tentará lhe passar a perna de novo. Só permita atividades de lazer depois que ele tiver cumprido suas obrigações!

Não se sinta um pai desnaturado, menos ainda um "padrasto" ou um "general", como muitos me dizem, quando for apenas um pouquinho exigente. Só o libere quando perceber que seu filhote realmente caprichou e se esforçou por cumprir bem as tarefas.

Agindo dessa forma, desde o início e sempre, seu filho compreenderá que com estudo não tem barganha, e que é mais econômico fazer logo bem-feito do que ter que refazer muitas vezes.

Só um lembrete: não confunda fazer bem-feito com *acertar tudo*. A escola corrige; você supervisiona e zela para que suas crianças formem hábitos de estudo adequados e também para que saibam hierarquizar tarefas com responsabilidade.

O perigo de deixar tarefas escolares e estudo para depois é que seu filho poderá considerar que a vida pode ser vivida sem responsabilidade. Que o mundo é só prazer – se divertir e brincar.

Sei, você está pensando que ele tem tempo para aprender. Mas tem certeza que quer mostrar um mundo irreal para ele? E o tombo depois? Você viaja nas férias sem dinheiro? É o que estará ensinando a ele – indiretamente, é claro. Mostrar como funciona o mundo desde cedo evita frustrações desnecessárias adiante. Faça-o com afeto e carinho. Mas faça!

Ser pai é difícil mesmo, não fique triste. Pode acreditar, porém, que agindo assim as recompensas serão enormes, anos depois...

Grito – A nova palmada?

Recente estudo afirma que os pais de hoje gritam demais com os filhos. É possível; mas o que chamou minha atenção foi a afirmativa de que o grito seria a "nova palmada", já que a antiga foi – ou deveria ter sido – banida por força de lei.

Segundo o autor, o grito causaria sérios danos emocionais às crianças. Mais um temor e mais uma culpa para atormentar papais zelosos! Resta saber se tantas interferências no âmbito da família e da escola estão sendo úteis à formação das novas gerações – ou constituindo empecilhos à ação educativa. Afinal, o que pode fazer um pai hoje, além de dialogar?

A essa altura, alguns já estarão me acusando de defender o grito e a palmada, *mas não, não estou*. Rejeito todo tipo de agressão física nas relações com crianças – e com adultos também. Estou apenas reconhecendo as muitas dificuldades de quem cria filhos hoje.

De um lado, estimula-se o prazer e a liberdade das crianças; de outro, se divulga fartamente a ideia de que *pais bacanas dialogam sempre* – e nunca *gritam, se irritam* ou *brigam* com os filhos. Devem convencê-los pela argumentação e estar incansavelmente dispostos a debater tudo. Embutida aí está a crença, quase mística, no poder do diálogo, que faria os jovens aprenderem tudo que os pais ensinam: assim, estudariam muito, porque aprender é *joia*! Não colariam nas provas, porque não é *ético*; leriam até altas horas, em vez de seguir celebridades no Twitter; acordariam alegres como passarinhos para ir à escola; não comeriam fast-food e jamais voltariam da balada ao amanhecer. Antes fosse!

Claro que dialogar é melhor que impor, mas é ingênuo supor que funciona sempre. Verdade é que, até a chegada – cada vez mais tardia – da maturidade, os jovens são movidos pelo hedonismo e egocentrismo. Razão por que só conversar, conversar e conversar, às vezes não resolve.

O que fazer, portanto, se agem de forma incorreta? A julgar pelo que se lê e ouve, só conversar, porque não resta a pais e professores nenhum instrumento – à exceção do diálogo – que não resulte em *trauma*, *frustração* ou *baixa autoestima*. Não estou, é claro, defendendo castigo físico nem gritaria. E, sim, a necessidade de haver outras ferramentas para se utilizar quando a criança pratica atos socialmente inadequados. Instrumentos que sejam sinônimos de responsabilização, de enfrentar consequências.

As situações negativas que envolvem jovens são consequência dos gritos dos pais – *ou da permissividade*?

Acidentes com mortes, a cada fim de semana, são causados pelos gritos ou pela *pressão consumista*, que faz pais darem carros a filhos imaturos?

Quem tem filhos sabe que não está fácil educar, porque quem diz *sim* a tudo é bem-visto e invejado: "Que pais maneiros você tem!", dizem os colegas. E quem dá limites se autoconsidera "pai durão, carrasco".

Verdade é que jovens que fazem só o que querem não costumam levar em conta o que dizem pais ou professores – e decidem até *se estão a fim* de conversar ou não... E, em geral, eles não estão – afinal, são crianças! (ou adolescentes). Olha aí o perigo! Se não os orientamos hoje, vamos ficar esperando o quê? Pode ser tarde demais, e, em geral, é!

A educação das crianças, na sociedade pós-moderna, vem orientando e incentivando o individualismo e a egolatria. Aí pergunto: nossas crianças e jovens estão mais felizes? Seguramente, não. Índices de suicídio, marginalização e depressão só aumentam.

O que lhes falta? *Diretrizes claras, objetivos de vida, menos "moleza" – e sanções educacionais*. Sanções, assim como recompensas, se usadas adequadamente levam à compreensão de que a sociedade exige produtividade, e tem regras e limites que não apenas lazer e prazer.

Ações adequadas devem ser incentivadas; atitudes socialmente inadequadas devem ser sancionadas e rejeitadas *com clareza*.

Assim se ensinam direitos e deveres – e não temam, não dá trauma!

Antibióticos, anti-inflamatórios... mais o quê?

Muitos pais se preocupam quando os pediatras receitam antibióticos para seus filhos. Só antibióticos não! Anti-inflamatórios também! E, em alguns casos, até vacinas são questionadas! De onde surgiu esse receio, não sei dizer. Talvez tenha a ver com a tremenda responsabilidade que é ter a vida de outra pessoa nas mãos. Ainda mais em se tratando da vida dessas pessoinhas que despertam o amor mais profundo da vida... É, talvez isso explique o mistério. Mistério, sim, porque o que mata é doença, não remédio. Claro, tomado por conta própria, até os melhores medicamentos podem matar. É questão de dose, ocasião, mas, especialmente, de conhecimento. E não são poucos os que têm esse temor.

Na verdade, a ideia de que "remédio faz mal" anda muito disseminada por aí. Até pessoas de boa formação abandonam tratamentos pelo meio; é só melhorar um pouquinho que se apressam a suprimir o medicamento, com medo de "ficarem viciados", de alguma forma insondável, pelo uso. E assim já morreram muitos. Tanto devido à automedicação quanto à "autoalta", nome bobo que acabei de inventar para explicar a supressão de remédios por conta própria. E quantas internações acontecem porque, um belo dia, assim do nada, alguém "cisma" que o remédio está lhe fazendo mal – e pronto. Para de tomar.

Se for, por exemplo, um anti-hipertensivo, o pobre pode ter um acidente vascular cerebral e ficar paralisado ou morrer. Mas como convencer quem está influenciado por mitos – e agora, além disso, com a dra. Internet à disposição? Hoje em dia, há gente "formada" no Google em poucos minutos, enquanto médicos de verdade levam cerca de dez anos para se formarem (graduação, residência, especialização). Sim a web é incrível; maravilhosa! Mas é também um *novo perigo* que ronda nossos filhos. Hoje, já são muitos os jovens que não diferenciam uma informação fornecida por um leigo num blog da de um profissional sério, com anos de estudo e experiência, que publica em revistas sérias nacionais e internacionais.

O perigo de se cair nas mãos de pessoas sem escrúpulos é um dos novos e crescentes riscos que cercam as novas gerações. No meio dessa confusão, o pobre pai se pergunta: *Devo dar o medicamento que o pediatra receitou? Ele é tão pequenino para tomar esses remédios "fortes"! Será que não vai ter problemas depois?*

O que posso responder a esses papais cheios de amor? Se Deus quiser e os remédios forem tomados adequadamente, *seu filho terá um futuro*. Caso contrário, pode ser que ele nem chegue lá!

Ufa! Exagero? Não! Se o médico receitou é porque estudou anos e anos para saber *quando* e *como* tratar! Coisa que nós, leigos, não podemos nem devemos, sem boas e fundamentadas razões, questionar.

O que precisamos fazer é *escolher criteriosamente o profissional* a quem vamos entregar nossa vida e a de nossos pimpolhos. Da mesma forma e com os mesmos cuidados que se escolhe a escola.

É a nossa parte: escolher bem quem vai acompanhar a infância – e, quem sabe, a puberdade – dos nossos filhotes queridos. Portanto, vamos ter calma, ouvir amigos e parentes que já utilizam os serviços desse ou daquele profissional, mas devemos avaliar bem até *a quem* se vai pedir a indicação!

É a forma de ter confiança suficiente para seguir as orientações, sem medos infundados.

E tem mais: quando a gente confia para valer, dói ter que deixar o pediatra, o dentista ou o fonoaudiólogo quando os filhos crescem.

E, afinal, se não é para seguir a orientação recebida, para que levar a criança ao médico? Use a web. É grátis... Agora, se você vai ficar bem, aí já é outra conversa...

Ai, que vergonha...

Por que será que os pais andam tão inseguros? Seja do jeito que o filho for, tudo causa preocupação! Tem pai que se preocupa porque o filho é muito *cheguei,* quer aparecer e ser o centro das atenções em qualquer situação. Bem mais frequente, porém, é se preocuparem quando os filhos são tímidos. O que pressupõe que julgam a característica como negativa. E nem sempre é – a menos que se transforme numa fobia social, que impede a vida relacional saudável. Timidez, o mais das vezes, não é doença nem transtorno mental. É um desconforto que certos indivíduos sentem em situações de interação social. Em geral ocorre com aqueles que se preocupam excessivamente com as reações e pensamentos dos outros. Pode ocorrer em ambiente familiar, mas o mais frequente é se evidenciar quando a situação envolve ambientes e pessoas estranhas.

Então, vamos conhecer um pouquinho disso que preocupa papais amorosos? Existem vários tipos de timidez, mas nenhuma representa um perigo real para a criança, como muitos pensam... A *timidez situacional* é focal, isto é, a pessoa se intimida apenas em certas circunstâncias. Por exemplo, falar em público ou ser o centro das atenções numa homenagem.

Há a *timidez crônica*, uma forma mais séria, que leva a pessoa a evitar todas as situações de convívio. Se a família tem condições financeiras, a timidez crônica pode ser tratada, para reduzir os efeitos que podem comprometer as relações afetivas e de trabalho. Essa forma costuma aparecer em pessoas que tiveram uma ou mais experiências negativas em situação social. A partir daí, começam a ter medo de reviver o que passaram e tendem a evitar novas exposições. Algumas apresentam até sintomas físicos extremamente desagradáveis, como taquicardia, náuseas, sudorese, tremores e tensão muscular. Uma terapia da linha cognitivo-comportamental pode ajudar muito.

A adolescência costuma ser uma fase em que a timidez se revela com mais força, mesmo em quem não o era na infância, dada a insegurança característica desse período. Em geral passa com o tempo, à medida que vão evoluindo para a fase adulta da vida.

Há também a *timidez proposital*, que, como o nome indica, é uma atitude voluntária. Por exemplo: você sabe que é desafinado e canta mal, por isso, decide não aceitar convites para um karaokê. Não é um problema nem representa perigo algum: é consciência do potencial pessoal, que inclui logicamente as próprias limitações também. Nossos ouvidos agradecem!

E há ainda uma quarta forma, que é a *introversão,* comumente confundida com timidez, mas que, na verdade, é uma decisão tomada por aqueles que, embora não tenham problemas com situações sociais, preferem outro tipo de atividade, como ler um bom livro ou assistir a um filme na tevê, afundado numa boa e macia poltrona. Nada de errado, a não ser que aconteça sempre, por toda a vida, e exclua totalmente contatos com outras pessoas.

O que se pode fazer de melhor pelos filhos é, em primeiro lugar, *não querer que eles sejam o que não são*. E, em segundo, ensiná-los a aceitar as diferenças individuais – a respeitar-se e a respeitar o outro. Incentive-o, ressaltando sempre suas qualidades, de forma a melhorar sua autoestima. E se o seu filho é quieto, tranquilo, caladinho, mas querido por todos, então não há mesmo motivo para preocupação.

Lembre-se: somente os casos de timidez extrema, que impedem o convívio com outras pessoas, é que podem trazer algum prejuízo à vida. Seu filho não está com problemas nem em perigo. Apenas, *ele é assim*.

Há pessoas maravilhosas, incríveis, que são tímidas, realizadas e admiradas por todos. Que tal seu filhote entrar para o time da Nicole Kidman ou do Mark Zuckerberg? Nada mau, não?

Como lidar com a mentira

Uma mamãe aflita me disse que não sabe mais o que fazer com a filha que mente, mente e mente... Realmente, quando um pai descobre que o filho mente – para ele ou para outros –, a primeira sensação é de desapontamento e de agudo sentimento de fracasso. Pais que valorizam a retidão de caráter, a honestidade e a franqueza tendem a sentir abalo e preocupação. Afinal, perguntam-se: será que não estamos conseguindo transmitir conceitos tão fundamentais?

A informação que posso lhe dar é que 87% dos jovens não apenas mentem para os pais, como fazem coisas escondidas deles na maior tranquilidade – e sem muita culpa! Espantado? Pois é verdade! Verdade declarada pelos próprios adolescentes, em um estudo de campo que realizei entrevistando 943 jovens entre 14 e 18 anos, e publicado no meu livro *O adolescente por ele mesmo* (Record). Isso não consola, eu sei, mas alivia – nem que seja pelo fato de saber que não se é o único. Na adolescência, como você viu, essa atitude constitui quase que a regra, especialmente nos dias de hoje.

É preciso, porém, antes de qualquer coisa, fazer distinção entre mentir, omitir e fantasiar. Verbos que parecem ser sinônimos, mas não são. Omitir significa *não contar*. Fantasiar quer dizer *confundir reali-*

dade com sonho ou desejo. Já mentir é *escamotear intencionalmente a realidade*. Só de ler esses conceitos simples já se pode sentir certo alívio. Quanto menor a criança, mais comumente ela fantasia. Até os 4 anos, é difícil, para a maior parte delas, saber onde acaba o sonho e onde começa a realidade. Com o passar do tempo, essa característica vai sendo substituída por um crescente realismo. Portanto, se o seu filho de 6 anos inventa amigos ou irmãos que não existem; se diz que escalou o Everest; ou se conta aos amiguinhos a viagem que fez a Disney, sem nunca ter lá colocado um único dedinho do pé, pode ficar tranquilo. É pura imaginação, não mentira. Mas como agir? Simplesmente deixe-o falar e expor seus sonhos – em geral, nada prejudiciais – e siga adiante. Bom saber que não há perigo algum nisso, não é? Preserva a gente de um monte de conflitos desnecessários. Não precisa desmascarar nem castigar. Só ouvir e sorrir. Depois, se quiser, comente como quem não quer nada: *um dia, nós todos vamos juntos para lá*. Pronto; está dado seu recado, sem agressões: sei que você não foi e adoraria ir, por isso sonha; então, se pudermos, vamos realizar esse sonho. Somente se o comportamento se perpetuar ou se começar a aparecer em outras áreas, é que deve começar a nos preocupar. Imaginar irmãos que não existem é comum a filhos únicos, assim como sonhar que é filho único pode ser devaneio de quem tem três irmãos chatinhos a dividir espaços.

Omitir fatos, por outro lado, é coisa que ocorre com frequência, não apenas entre pais e filhos, mas entre amigos, colegas de trabalho ou até entre casais. E é frequente, porque nem sempre o que uns consideram importante tem o mesmo peso para outros. Daí que, muitas vezes, não nos contam alguns fatos porque acham que não nos interessaria. Portanto, se você percebe que seu filho deixa de lhe contar coisas importantes, diga isso a ele claramente. E deixe claro que ele *deve sempre* lhe contar tal tipo de ocorrências. Agora, se ele não comentou que a tia fulana cortou o cabelo à máquina zero, considere que, quase com certeza, ele achou que isso não era importante relatar. E, cá para nós, era?

Contar ou não determinadas ocorrências tem a ver também com o jeito de ser de cada um. Os mais extrovertidos tendem a comentar tudo que lhes ocorre, os mais fechados não o fazem. E isso não é problema algum. Homens e mulheres diferem bastante também nesse aspecto. Quantas coisas que achamos interessantíssimas nossos companheiros acham enfadonhas – e vice-versa? E, às vezes, simplesmente somos nós, pais, que não queremos que os filhos cresçam e tenham vida e vivências próprias, e talvez por isso nos sintamos desconfortáveis ao descobrir fatos não compartilhados. O que é normal e compreensível, porque é importante deixá-los "despregarem-se" de nós; e isso pode incluir não sabermos mais tudo da vidinha deles.

Resta, portanto, analisarmos a terceira possibilidade: você descobriu que seu filho, conscientemente, oculta ou distorce fatos. Enfim, mente mesmo. Antes de brigar, vale a pena se fazer algumas interrogações: rever, por exemplo, se há *de fato* espaço aberto para o diálogo é um bom começo. Muitas vezes, as crianças mentem por medo de "levar bronca" dos pais. O que não significa que se deva – para evitar que os filhos mintam – aprovar atitudes inadequadas. As crianças devem aprender desde cedo a enfrentar as consequências de seus atos. Isentar as novas gerações de responsabilidades, como vem ocorrendo há algum tempo, só tem causado danos sociais – e pessoais também. Ser responsável por seus atos (e por suas palavras também) é uma competência que se aprende – desde que os adultos tenham atitudes orientadoras e persistam nelas. Como já disse, e repito agora: em educação nada é rápido nem fácil.

Às vezes, é difícil até mesmo compreender a diferença entre passar a mão na cabeça (não reprovar ou sancionar atitudes inadequadas) e mostrar e exigir, ainda que com afeto e compreendendo que errar faz parte do processo de aprender, que pessoas de caráter sustentam suas falhas e os efeitos delas com dignidade, e por isso mesmo as superam. Trabalhar a ideia de que errar é humano, e que não se deve, por medo ou insegurança, mascarar a realidade é um bom exercício de reflexão, que podemos e devemos desenvolver com nossos filhos.

Por outro lado, é muito salutar levá-los a analisar os aspectos que envolvem uma decisão, treinando-os a pensar antes de agir. Sem dúvida, uma forma excelente de evitar atitudes das quais podem se arrepender depois.

Convém pensar também sobre como reagimos quando os filhos nos contam algo: o amor que os pais sentem pelos filhos e a urgência em protegê-los dos *perigos*, reais ou imaginários, acabam nos levando, muitas vezes, a reagir com rigor excessivo ou a falar (muito e sem parar) antes que os filhos concluam seus relatos, fazendo com que muitos considerem mais prudente não contar certas coisas – ou até a não contar nada.

Bem, mas supondo que após essa análise você chegue à conclusão de que, ao menos nesses aspectos, seu filho não tem motivos de queixa. E que, na realidade, ele está mesmo é tentando ocultar a verdade dos fatos de acordo com suas conveniências.

Nesse caso é preciso considerar outras variáveis. A primeira delas pode parecer estranha, mas é a pura realidade: *nem sempre os pais são culpados de todas as falhas dos filhos!* Chegamos a um ponto tal em que sequer imaginamos que os filhos têm personalidade própria, objetivos diversos dos nossos, temores pessoais, enfim: equipamento cognitivo e afetivo que nem sempre são apenas consequências do contexto familiar. Em outras palavras: nem tudo é consequência de problemas no relacionamento com os pais. Uma parte do que leva os filhos a mentir tem a ver também com fatores sociais e pessoais.

Numa sociedade que incentiva, prega e preza o prazer imediato e a liberdade como bens maiores, o mero desejo de sentirem-se independentes (especialmente no que sabem que os pais reprovariam) pode ser suficiente para mentir. A busca do prazer vem superando a consciência do dever – e até, por vezes, o respeito devido a pais e autoridades. Esse é, de fato, um perigo real e concreto para os pais. Por mais que as crianças tenham benesses, por mais que os pais respeitem os seus *alardeados direitos*, hoje, com o incentivo e o beneplácito da sociedade, se eles querem ir a uma festa e sabem que os pais não vão permitir, com muita sem-cerimônia inventam que vão dormir na casa de um colega para estudar e, sem culpa, vão a tal festa. A sociedade não aplaude, mas tolera como se fosse natural.

Também não é nada incomum o jovem se sentir *vítima de pais que pegam muito no pé,* como eles dizem. Daí, mentir, inventar, sair sem permissão ou sem os pais perceberem é um pulo. A perda progressiva de autoridade por parte dos pais, nas últimas décadas, e a falta de sanções são dois outros fatores que levam o jovem a achar que mentir para os pais é "normal"!

Então não tem jeito? Claro que tem! Mas é uma luta, sem dúvida. Uma luta da qual sairá vencedor o filho cujos pais tenham:

Segurança do que pretendem;

Capacidade de resistir às caras e bocas e ao mau humor dos filhos (especialmente se forem adolescentes, *mas não somente*);

Persistência para premiar atitudes positivas;

Competência para dialogar;

Equilíbrio para punir de forma justa e equilibrada; e, acima de tudo,

Coerência entre o que prega e o que faz.

Vence a mentira quem for capaz de manter atitudes positivas, afirmativas, amorosas e seguras. Apesar de tudo.

De príncipes e sapos

Nova "moda" vem fazendo sucesso na relação de pais apaixonados com seus filhos. Não de todos, logicamente; apenas entre os mais abonados financeiramente, e entre aqueles que gostariam de *dar tudo e o céu também* aos filhos. Quem jogou a ideia no mercado deve estar realizado – financeiramente falando. Por isso, esbarrar em dezenas de pequenas e fofas princesas, belas adormecidas, Rapunzéis e Elsas (*Frozen*) se tornou lugar-comum em shoppings, parquinhos e escolas de educação infantil.

Gasta-se uma pequena fortuna numa simples festinha, porque, além de bolo, bola e brigadeiro, hoje tem que ter animador para entreter os pequenos (enquanto seus papais bebericam e conversam em paz); teatrinho, decoração nas paredes, mesas e guardanapos – além, é claro, do *aniversariante-personagem-principal*, paramentado da cabeça aos pés e também combinando com tudo o mais...

Voltando ao tema: vocês não encontrarão sapos nas pracinhas; príncipes e super-heróis, no entanto, lá estarão aos montes, todos felizes e pululantes em suas fantasias – agora concretas. Sem duplo sentido, porque na atualidade consumista sonho e fantasia não se diferenciam mais: o imaginário se materializa nas roupas que os pais compram a cada desenho animado ou filme que a filharada aprova. E assim o que era sonho "vira" realidade na vida das crianças abonadas da atualidade.

Em pequenos, também sonhávamos ser *brancas de neve, príncipes e heróis*. Só que naquela época, nem tão longínqua, era a *imaginação* que fazia o sonho acontecer. *Agora é o dinheiro*. Em princípio, nada muito problemático. Mas o exagero de querer atender a tudo que os filhos pedem, esse sim, é o perigo que ronda as crianças – e pode estragar tudo, ao tornar obrigatório ter *todas* as vestimentas de cada nova Cinderela ou Homem-Aranha que surge no universo infantil. Assim, transforma-se em obrigação (e, às vezes, em conflito) o que deveria ser somente brincadeira.

Não há problema algum em deixar seu filho se fantasiar de herói – desde que não se tenha que comprar outra e mais outra depois – e que seja possível dizer com toda a calma: "Hoje não vamos comprar nada." Não há problema algum nessa nova mania – desde que não se transforme em *mania mesmo!*

É bom que a criança vivencie, desde cedo, que num dia se vive o sonho, e em outro se encara a realidade. E nesse sentido o ideal é que os pais a ajudem a distinguir realidade e ficção. Em geral, elas o fazem por si; mas atenção! São os pais que precisam ter equilíbrio em suas atitudes, evitando com firmeza *situações que as levem a se tornarem escravas – em vez de princesas*. Isso mesmo: o perigo reside aí! Encantados com sua linda filhinha ou seu maravilhoso filhote, alguns pais vão fazendo tudo o que pedem, alguns até mais do que a criança sequer sonhara! *E é aí que mora o perigo*: paulatinamente transformam os filhos em escravos da roupa, da compra, da moda... Sim, eles podem escolher um ou dois personagens e ganhar capa, espada, tiara, coroa – até a roupa completa. Mas parem por aí com as compras! Não se esqueçam de deixar espaço (bem espaçoso) para a criança fantasiar por si, sem ajuda de tanta concretude. Só assim desenvolverão capacidade inventiva, ao mesmo tempo que aprendem a diferenciar real e imaginário.

Façamos dos nossos filhos príncipes e reis, sim, mas da vida deles, do saber, da empatia e do respeito ao outro. O perigo nesse setor só ocorre se os excessos consumistas os sufocarem de tanto "ter" e "querer", dificultando que percebam onde acaba a ficção e onde começa a realidade.

Equilíbrio continua sendo a chave para a saúde mental – de adultos e de crianças.

Falando sobre sexo

Muitos pais me perguntam *quando* e *como* abordar questões ligadas à sexualidade. Na atualidade é inevitável que as crianças nos façam perguntas sobre o tema, e cada vez mais cedo. Afinal, as mídias fazem com que o interesse surja mais precocemente do que há poucas décadas.

O tema é complexo e demanda atenção, mas especialmente bom senso. Alguns cuidados importantes, especialmente quando a criança tem 8 anos ou menos: 1) responda apenas o que a criança perguntou; 2) não transforme uma resposta simples numa aula cansativa; 3) evite "investigar" a origem da pergunta – o que importa é orientar bem; 4) responda de forma direta, mas adequada à idade da criança; 5) nada de detalhes pessoais; jamais fale de sua intimidade (o que você e seu companheiro gostam ou como fazem isso ou aquilo é domínio restrito do casal – não se compartilha, principalmente com filhos). Lembre-se de que você está orientando um filho – e filho não é confidente!

Mais tarde, quando já forem pré-adolescentes ou adolescentes, a orientação pode e deve incluir, além das informações sobre reprodução, considerações relativas à moral, bem como sobre as regras que a família adota a respeito.

Essas informações devem ser apresentadas com clareza e fundamento para que os jovens fiquem cientes das normas que irão valer no contexto familiar. Vale a pena referir, nesse momento, que eles encontrarão quem pensa e age de forma diferente; acrescente a informação de que *cada um tem direito de viver de acordo com o que acredita*; que vocês respeitam isso, mas que pensam e agem do jeitinho que explicaram em sua casa. Isso funciona muito bem com jovens adolescentes que já compreendem a diversidade. Não apresentem a sua posição como a única possível. Vocês poderão perder credibilidade, porque certamente em algum momento eles se depararão com outras formas de viver. Entretanto, não deixem de apresentar a sua visão e os princípios que consideram importantes. Por exemplo, se vocês querem que eles evitem gravidez precoce, deixem bem definida sua desaprovação à irresponsabilidade – aproveite e oriente, também com muita clareza, sobre os cuidados que moças e rapazes precisam ter nesse sentido. Verbalizem, sem medo, mas também sem agressividade, qual seria sua atitude nessas circunstâncias (e em outras). Ou seja, se não pretendem criar netinhos, avisem logo! Assim eles ficarão conscientes de que as responsabilidades e consequências do que praticam serão deles – e não de vocês. A certeza da nossa reprovação pesa bastante nas decisões de nossos filhos – mesmo que não pareça! Alertados sobre as consequências, pensarão duas vezes antes de agir. Se, ao contrário, acharem que vocês assumirão despesas, cuidados e tudo o mais, o risco da gravidez precoce aumenta muito. Afinal, a superproteção age no sentido de prolongar a adolescência – e a irresponsabilidade.

Mostre aos filhos quem você é, e como pensam em sua família (mesmo que eles achem "caretice"). É melhor que considerem os pais antiquados do que passar mensagens dúbias, que podem confundir os filhos ou criar a ideia de que *vocês adorarão ser vovós* quando eles ainda nem terminaram o ensino médio.

Saber o que os pais pensam e também quais seriam as consequências de determinadas atitudes ajuda os filhos a tomarem decisões sobre bases mais realistas. O que pode evitar muitos problemas!

E se molestarem meu filho?

Cada vez que os jornais noticiam um caso de violência contra menores, e especialmente contra crianças, recebo dezenas de e-mails e mensagens. São pais preocupadíssimos, querendo saber o que fazer contra o perigo de seus filhos sofrerem violência sexual. *São tantos os perigos, às vezes até no círculo social, o que devo fazer – trancar em casa?*, pergunta um. *Grudar neles todo o tempo?*, indaga outro. Sim, é assustador pensar que crianças podem ser agredidas sexualmente. Mas este é o mundo que existe, infelizmente. Longe, muito longe ainda de ser perfeito. E não temos outro. O importante é não se apavorar nem desenvolver comportamentos obsessivos. Embora ninguém possa garantir que nada de ruim vá ocorrer conosco ou com os que amamos, temos alguns recursos que, ao menos, diminuem os riscos.

O melhor deles continua sendo ficar atento ao comportamento dos filhos. Mudanças súbitas no modo de agir são o mais forte indicador de vários tipos de problema – inclusive do que estamos tratando, mas não somente por essa razão, lembre-se! Se é somente um dia, e tudo volta a ser como antes, provavelmente significa que não houve nada. Mas se a mudança persistir por mais de dois ou três dias, é preciso verificar o que está havendo. Por exemplo: seu filho adorava descer para o play e, de repente, não quer mais fazê-lo, de forma alguma. E não é porque ganhou um tablet ou porque está adorando jogar no computador. É hora de verificar se está ocorrendo alguma coisa.

Essencial é tornar a criança consciente do perigo, porque, em geral, completamente inocente, ela demora a perceber aproximações estranhas ou atitudes maliciosas. Por outro lado, é bom não exagerar no que se diz, para não tornar a criança amedrontada e avessa a novos contatos, que podem dificultar mais tarde a vida relacional saudável. Basta que sejamos equilibrados e falemos com linguagem adequada à idade, simples e direta. Tipo: não fale com quem não conhece; não responda a perguntas sobre nossa família se for alguém que não é nosso amigo etc.

Vale também evitar que seu filho fique sozinho ou saia com adultos *que você não conhece bem*. E não se engane quanto à aparência: um molestador sexual pode ser um gentleman, danado de charmoso; e pode ser do mesmo sexo que seu filho, não se esqueça disso. Mulheres também molestam crianças, embora em percentual menor; há de tudo nesse mundo.

Prevenção inclui ser atento ao que a criança lhe conta, às vezes, de forma indireta. Por exemplo: gostava muito de ir à casa de um amiguinho e subitamente se nega e diz que não gosta mais de lá. Mas, por favor, não apronte um escândalo de imediato, porque pode ser outra coisa – ou nada. Então não faça diagnósticos com base em *um dado* apenas. Se suspeita de alguma coisa, pergunte com clareza (e observe muito bem a reação da criança): "Por que, meu querido, aconteceu alguma coisa? Você adorava!" Não faça sugestões, *apenas pergunte*.

Fique atento aos seguintes sinais: alterações de humor sem causa aparente (choro espontâneo, irritabilidade, agressões quando não habituais na criança); alterações alimentares (comer muito ou não comer, ao contrário dos hábitos); tristeza; alheamento; marcas estranhas no corpo; desinteresse pelas atividades habituais. Se vários sinais surgirem *ao mesmo tempo e persistirem* por vários dias, investigue primeiramente possíveis causas orgânicas (os sintomas de várias doenças são bem parecidos aos descritos). Comece, portanto, com uma visita ao médico. Se o pediatra disser que ele está bem de saúde, então é prudente conversar com seu filho, mas com muita calma. É preciso que a criança sinta que não será culpabilizada: muitas se calam porque acham que foi culpa delas ou porque pensam que poderão brigar com ela. Portanto, um clima de confiança é essencial para a conversa funcionar. Vale lembrar que algumas crianças mantêm o silêncio, ainda que façamos tudo adequadamente. Espere uns dias e tente de novo. Seja calmo e afetuoso, até que a criança se sinta confiante para contar.

Iguais também são diferentes

Uma mamãe preocupada me contou que tem um casal de gêmeos de 8 anos. O menino está sempre de bom humor, acorda sorrindo, é solícito e obediente. Em compensação, a filha já acorda de mau humor, responde mal a qualquer observação e faz tudo errado para chamar a atenção.

"Já botei de castigo, conversei, nada resolve! Estou agoniada, o que posso fazer?", completou, angustiada.

Sim, filhos preocupam sempre. Felizmente, porém, esse é um caso que *não envolve perigo algum*! A não ser que os pais fiquem tão encucados que transformem em problema o que não é!

Levando em conta que, na atualidade, ter gêmeos virou rotina graças aos tratamentos de infertilidade, e também devido ao imediatismo dos jovens que querem tudo para ontem – até gravidez –, achei que valia a pena alargar o alcance da resposta. Será útil a muitos. Mesmo gêmeos univitelinos – aqueles que parecem ter saído de uma copiadora – são *dois* indivíduos, não um! Diferentes, portanto. E isso inclui temperamento. E, pensando bem, é ou não uma felicidade que um seja de fácil trato? Já imaginou se os dois fossem mal-humorados? No caso, aqui, não há razão para preocupação. Gêmeos ou não, cada filho é diferente do outro.

É necessário compreender, portanto, que pessoas diferentes requerem tratamento diferente, funcionam de forma diversa e têm gostos e aptidões diferentes também. Mesmo gêmeos, tão idênticos por fora, podem não o ser em tudo. Então o caminho é descobrir o que funciona com cada um. E é essencial evitar definições e comparações entre eles. Especialmente evite dizer para seus filhos ouvirem: "Ele é um amor, mas ela...!"

Há várias possíveis razões para as atitudes de rebeldia, como as da menina: pode ser insegurança, o que a faz sentir-se menos querida (mesmo que não seja verdade). E aborrecida por se sentir menos amada, age de forma desagradável, talvez para chamar a atenção, o que acaba fazendo com que a relação com o irmão mais dócil se torne mais fácil – o que traz mais elogios, mais carinhos –, confirmando a insegurança dela.

Mas as atitudes descritas podem ser positivas também! Por exemplo: talvez a menina seja mais questionadora, o que sem dúvida é bom, especialmente no futuro, na vida profissional. Cabe aí um trabalhinho extra para os pais: burilar a forma pela qual ela externa suas ideias. Saber falar de forma adequada é uma aprendizagem – trabalho para pais atentos.

Se for insegurança, vale dividir com o companheiro as atribuições com as crianças, de forma que um dos dois possa, alternadamente, dar atenção exclusiva a cada um dos filhos, evitando competição entre eles.

Pessoas inseguras necessitam constantemente da confirmação do amor. Dá ótimo resultado ressaltar o que a criança faz bem-feito, suas qualidades, e também, habilidades. Mas nada de explicar isso com "papo-cabeça"! O que funciona é a atitude. Aos poucos, que nada é rápido em educação, ela perceberá que é tão querida quanto o irmão.

Um adendo: quanto mais seguros e coerentes os pais forem, tanto mais rapidamente verão superadas as crises.

E viva a diferença!

Eu me amo, eu me quero bem...

Desde que a criança nasce, ela vai incorporando ideias sobre si. Pais e professores têm muito peso na formação daquilo que constitui a tão falada autoestima, que é simplesmente a forma de se perceber de cada um. Se a pessoa se vê de forma positiva, dizemos que tem *autoestima elevada*. Se há inconformidade entre o que se é e o que se gostaria de ser, diz-se que tem *baixa autoestima*.

A preocupação crescente com o assunto surgiu pela constatação de que indivíduos com baixa autoestima têm mais possibilidade de insucesso profissional, maior risco de uso de drogas e depressão, além de cederem mais a pressões de grupos aos quais desejam pertencer. Daí por que a prevenção ao uso de drogas inclui hoje o trabalho de melhoria da autoestima. *O perigo existe sim*, mas pode ser contornado e evitado!

Então aí vão algumas medidas que ajudam:

Procure *ressaltar as qualidades de cada filho* evitando comparações. Todos temos características que nos diferenciam. Algumas (fazer cálculos matemáticos com rapidez, por exemplo) são tidas como qualidades, outras (timidez, por exemplo) são encaradas como defeitos – embora nem sempre o sejam. Se só ressaltamos erros ou defeitos, em nada estaremos contribuindo para a autoestima elevada.

Confiar no que a criança diz é essencial: ela tende a refletir a imagem que se faz dela. Se o seu filho disser que vai fazer uma pintura para a vovó e for estimulado (*sua avó vai ficar orgulhosa*), acreditará na sua capacidade. Também é importante *não criar expectativas exageradas*, porque você pode estar ativando um nível de metas que a criança não se sente capaz de alcançar, tornando-a ansiosa "por fazer coisas sensacionais". E assim, realizações mais simples, que deveriam ser metas suficientes, acabam obliteradas pelo desejo de ser famoso ou *o melhor* da classe.

Separar o ato do autor – ajuda muito também na visão que a criança tem de si. Explico: quando seu filho fizer algo inadequado, não o critique como pessoa: "Só podia ter sido você, quem mais?" Assim, a suspeita de que ele não tem valor se consolida. Ao contrário, se focamos no ato: "Tenho certeza de que você pode fazer melhor", *estaremos* favorecendo seu crescimento, sem abalar a autoestima.

Mas, se a autoestima elevada é essencial, há, concomitantemente, outras questões que não podem ser esquecidas. É preciso, por exemplo, entender que trabalhar a autoestima não significa *aprovar tudo que o jovem faz*; menos ainda *fazer com que creia que é infalível* ou *perfeito*. Infelizmente, muitos interpretam a questão dessa forma equivocada, e saem por aí dizendo sim a tudo que os filhos querem e fazem, por medo de que fiquem com baixa autoestima. Então, ainda que você siga as orientações anteriores, lembre-se de que fortalecer a autoestima não é impedir seu filho de crescer e melhorar. Dê afeto, carinho, atenção e... educação!

A melhor fórmula é exatamente a combinação de amor e regras; afeto e orientação. Jamais se iluda pensando que a criança é tão frágil que não pode ouvir uma *bronquinha*, quando necessário. Pode e deve!

Autoestima baixa não se contrapõe a ter limites e ser polido.

Brigas, nunca mais!

Conversando em um grupo de amigos, escutei uma mamãe preocupada contar, aflita, que não sabe mais o que fazer para resolver as constantes brigas entre suas duas filhas. Estava consumida pelo problema que, segundo relatou, ocorre várias vezes ao dia, pelos motivos mais absurdos – desde o lugar que uma escolhe para sentar diante da tevê até um bife que disputam ferozmente, como se fosse o último ou o único da vida delas! Tudo é pretexto para discussões. Castigos, longas conversas – ela tentara tudo. Até promessas aos santos fizera. Em vão. Esses conflitos se agravaram com o tempo e agora chegavam à violência – as meninas se atracavam ou atiravam brinquedos e objetos uma na outra. Sentia-se derrotada como mãe, contou.

Entendi perfeitamente o sentimento; afinal, o sonho de todos nós é de que o nosso ninho seja harmonia, afeto e proteção mútua. Ver os filhos se engalfinhando por nada é deprimente.

O que aquela mamãe não sabia é que a melhor coisa que se pode fazer quando os filhos brigam é interferir o mínimo possível. Mas isso deve ser feito desde o início, quando as rixas ainda são leves e sem tanta agressão séria, como no caso da mamãe citada aqui.

O ideal é, assim que surgem as primeiras desavenças, deixar que resolvam por si sós. Brigas entre irmãos são, em geral, fruto do ciúme que quase todos os filhos sentem dos pais (mesmo que não haja motivo para tal). Uma parte importante, porém, é *aprendizado de convivência*. Então, quanto menos partido se tomar, melhor. É importante, porém, estar atento ao que ocorre, para evitar que as coisas fujam do controle ou extrapolem o aceitável. Fixar regras básicas é tarefa dos pais, além de deixar bem claro que os filhos não poderão fugir dessas regras – *de forma alguma*. E não permitir mesmo! Não se agredir fisicamente e não se ofender moralmente são duas das que considero fundamentais, porque, quando não seguidas, podem tornar difícil retomar a relação posteriormente sem ressentimentos.

É importante não aceitar atitudes que possam inviabilizar as relações mais adiante. *Esse é o perigo!* Deixar que os conflitos evoluam e se tornem, anos depois, barreiras intransponíveis para a relação. Estabeleça, portanto, você próprio, as regrinhas que julgar fundamentais. E convide seus filhos a ajudar na elaboração das demais.

A partir daí, e desde que essas regras sejam respeitadas, o melhor é deixar que se resolvam por si sós.

É aceitável que "fiquem de mal" ou que não se falem por algumas horas (desde que não violem as regras definidas).

Interfira, mas sem tomar partido e somente para exigir o respeito às regras definidas. Cometer injustiças só provocará revolta e aprofundará o ressentimento.

Irmãos brigam. Quase a totalidade deles. Mas fazem as pazes com a mesma rapidez. Se as crianças sentirem que podem se expressar livremente – desde que de forma civilizada –, provavelmente desenvolverão uma relação mais verdadeira e duradoura. O rancor cresce; expressar-se com liberdade, desde que com respeito, liberta a alma.

Consumismo, como enfrentar

Que a sociedade moderna supervaloriza os bens materiais é questão que não carece de discutir. Em algumas datas, então – Natal, Dia das Crianças, por exemplo –, dá calafrio só de pensar! Sim, porque hoje o grande desafio da família é descobrir como educar de forma que crianças e jovens não se deixem levar por valores que, longe de lhes garantir felicidade, acabam apenas por envolvê-los numa louca espiral de desejos e gastos crescentes, que quase nunca tem final feliz.

Sim, o consumismo é um perigo, um grande perigo, aliás, porque pode arrasar vidas. Exagero? De forma alguma! Numa situação de crise econômica, por exemplo, quem não pode manter o ritmo a que se acostumou de comprar, comprar e comprar, se desestrutura! Ou se endivida a ponto de perder bens depois!

É preciso alertar, porém, para o fato de que adultos consumistas dificilmente poderão enfrentar o desafio de forma efetiva. Afinal, a onda contamina adultos também, e não são poucos os que buscam felicidade comprando, comprando e... comprando! Em geral, acabam infelizes, incompletos. Colocar a felicidade na aquisição de objetos pode até propiciar prazer e alívio contra ansiedade e tristeza, mas são momentâneos e fugazes.

Consumir significa *gastar, aniquilar, anular* ou ainda *ficar reduzido a cinzas.*[1] O processo é mesmo assim: o prazer de comprar se extingue por si só, para retornar logo adiante, como fênix ressurgida das cinzas. É, portanto, um processo sem fim, e dificilmente as pessoas poderão continuar *por toda a vida* atendendo a desejos – seus e de seus filhos.

Preocupa-me constatar que, a cada dia, mais pessoas adotam o modelo, sentindo-se compelidas a adquirir mais e mais produtos (muitos desnecessários ou similares aos que já possuem).

Quantos de nós tínhamos, há dez anos, um celular? E quantos ainda estão com o primeiro modelo adquirido, aqueles enormes, Deus o livre, que horror! Sem críticas a quem gosta de estar na última moda *hi-tech,* proponho somente que, por um instante, um segundinho só, pense se trocou a TV ou o telefone móvel porque realmente precisava. Necessidade ou impulso? Pense também em qual foi a relação custo--benefício da nova aquisição? Tem gente que ainda nem utiliza todos os recursos do atual ícone de consumo, mas não admite viver sem os *waps, wips e outras siglas indecifráveis* que cada modelo mais recente agrega. Tem horror até de *pensar* em ler aqueles manuais, mas que o telefone novo está na bolsa, está... Porque carro importado ou do ano, ou TV fininha – bem grande –, não deu ainda para comprar, talvez nem dê, mas o celular colorido, fininho, que troca de "roupa", deu. Então, ótimo! Não que eu ache que não se deva comprar o que se quer (desde que com verba ganha honestamente, claro). A questão é exatamente essa: *a gente queria mesmo?* Ou *alguma coisa* ocorreu

---

[1] Ferreira, A.B H. *Novo Dicionário Aurélio do Séc. XXI da Língua Portuguesa,* Positivo, Curitiba, 2004.

que nos fez pensar que era imprescindível trocar o que quer que fosse – e o quanto antes?

Voltemos aos nossos filhos. Os que desejam vaciná-los contra a febre do consumo irracional devem começar mantendo-os a par da situação financeira da família. Especialmente, fazendo com que compreendam de que forma o dinheiro "chega" em casa: através do trabalho diário. Ele não "aparece" na carteira do papai ou da mamãe magicamente. Famílias têm gastos fixos mensais que precisam ser honrados – filhos podem e devem saber sobre eles. Também precisam saber que é importante guardar uma parcela, mesmo pequena, para extras e imprevistos (uma infiltração no teto, uma geladeira que pifa etc.).

O mais importante, porém, é discutir o impulso que leva milhares de pessoas a acumularem mais e mais "coisas", às vezes pagando juros sobre juros, vivendo apertadas, cortando itens importantes e transformando a própria vida numa eterna loucura. Viver no limite total do orçamento (ou além dele) é se condenar ao desequilíbrio a qualquer evento não programado (uma doença, por exemplo) que surja. Por isso é bom manter os filhos informados *especialmente sobre o que a família dá valor de fato.*

Mais cedo ou mais tarde nossos filhos conviverão com pessoas de maior poder aquisitivo. E se foram acostumados a olhar sempre para quem tem mais, para os que estão a cada fim de semana com novas roupas e possibilidades financeiras para fazer mil programas, independentemente de ser sábado ou segunda-feira, as coisas podem ficar complicadas. Não prometa o que não pode comprar – e jamais se endivide para isso; e não se furte de dizer que *não considera importante nem necessário.* Em outras situações, procure mostrar que poderia lhes dar o que pedem, mas – em vez de sair correndo para chegar à loja antes que feche – faça seus filhos saberem onde se situam as prioridades da família, como estudos, comida farta, segurança, saúde, conforto em casa.

Lembre-se de que, ao contrário do que a sociedade de consumo propala, não é nada mau para uma criança ou jovem desejar coisas sem conseguir logo, *de mão beijada* – e rapidinho. Esses desejos não realizados podem bem acabar constituindo importante mola propulsora e estímulo para lutas e conquistas pessoais. É muito saudável para o jovem querer realizar, produzir, trabalhar para alcançar o que os pais não lhe deram porque não puderam – ou preferiram simplesmente não lhes dar.

É preciso corrigir a ideia torta – e muito comum hoje, especialmente entre as classes A e B – de que os pais têm obrigação de dar aos filhos carro, viagens ao exterior, festas apoteóticas etc.

Do ponto de vista educacional, não é nada salutar que eles tenham convicção de que nunca precisarão lutar para conquistar coisa alguma, já que têm tudo à mão e sempre. Desejos não concretizados podem até produzir alguma frustração; mas não se assuste: nem toda frustração é negativa, como pensa a maioria. Muitas delas são a base que impulsiona a produzir, a se independentizar, a ter o seu dinheiro (não o da mesada, é claro), para não ter que *prestar contas a ninguém*.

Bem orientados eticamente, o "não ter tudo" conduz à necessidade de estudar, trabalhar... produzir, enfim.

Dediquemo-nos, sim, de corpo e alma, a dar aos filhos o que é essencial: estudo, formação moral e ética, princípios e objetivos de vida.

O resto (roupas de grife, dezenas de tênis, viagens etc.) é secundário, e como tal deve ser encarado.

E, cá para nós, não é uma maravilha (e um alívio) saber que você pode dar *menos* bens materiais para que seus filhos sejam *mais* gente?

Educar estressa, sim!

Uma leitora me escreveu se dizendo "perdida como mãe". E comentou perplexa: "Como posso me enervar assim com meu menino de 4 aninhos apenas, se tanto sonhei em ter filhos?" É que pouca gente sabe que entre sonho e realidade há uma enorme distância. No caso da maternidade, a idealização é enorme, de modo que mesmo quem muito sonhou com isso imagina-se totalmente cor-de--rosa no papel. Só que, no dia a dia – tão diferente e cansativo –, é natural que muitos se sintam inseguros e perplexos. Afinal, a repetição diária de incessantes cuidados (diante do que pode parecer, de início, um tímido resultado) faz muitas jovens mamães – e papais também – se sentirem perdidos. Sem falar dos novos desafios que surgem a cada momento! "Como fazer para não ficar tão nervosa?", a mamãe queria saber.

Para não se estressar é preciso, em primeiro lugar, compreender que *educar* é uma tarefa complexa, difícil e repetitiva. E é preciso aceitar essa realidade, *de preferência, de bom grado*. Ajuda bastante botar na balança dos prós e contras o fato de que raramente esse trabalho pode ser feito com mais amor e dedicação do que pelos próprios pais – mesmo os que se sentem perdidos. Também ajuda muito se conscientizar de que não serão dois meses nem dez anos de trabalho apenas (sem férias, nem décimo terceiro salário, menos ainda, aposentadoria! Sim, volta e meia. filhos adultos voltam pedindo colo...). Assustou-se? Mas é assim que é! Educar é cansativo e estressante. Mas traz enormes compensações quando a pessoa se dá conta de que é o mais importante trabalho que alguém pode realizar – construir um ser humano *com H maiúsculo*!

É necessário ter consciência de que, a cada nova fase do desenvolvimento da criança, surgem novos desafios a serem superados – porque as etapas são diferentes, assim como as dificuldades de cada uma; portanto, não posso dizer, embora quisesse, que há uma fórmula mágica contra o estresse.

Se, no entanto, você já considerou tudo o que coloquei, mas continua a se aborrecer no dia a dia, então vale analisar e buscar descobrir *em que momentos* o descontrole/cansaço ameaça se instalar na relação com seu filho. Assim, ao primeiro sinal de que daqui a um minuto você vai começar a gritar, berrar ou a fazer coisas de que vai se arrepender adiante, *pare!* E, se possível, saia de cena *antes* que o irracional tome conta de tudo. Se tiver alguém que possa ficar meia horinha com a criança, dê-se o tempo de um café, um passeio curto, uma ida ao playground ou à rua, um banho mais demorado, o que preferir! Vale tomar sorvete na esquina, comprar uma revista boba e sentar na praça para ler dois artigos (ou ver as fotos, apenas), enquanto esfria a cabeça. Só isso.

Depois, volte para casa. Nada que ultrapasse meia hora. Parece pouco, mas é incrível como faz diferença! Ao retornar, perceberá que tudo está bem. Traduzindo: você respirou fundo, deu uma rápida "colher de chá" para si própria, e... só! Já está pronta para retornar. Com confiança para seguir.

Se não for possível sair de cena – talvez seja o que ocorre o mais das vezes –, bem, nesse caso, tente deixar o confronto para *um pouco* depois. Porque, até o depois chegar, provavelmente você já terá pensado numa solução melhor, que não foi ditada pela raiva nem pela impotência.

Importante é entender as características de cada idade. São muitas e nem sempre conhecidas por quem resolve ser mãe ou pai. Tem a idade do *"não"*; tem a do *"por quê?"*, tem a do *"tô nem aí para o que você diz"*. Cada uma delas consegue tirar muita gente boa do sério! Afinal, é pergunta que não acaba mais! Tem gente que simplesmente enlouquece quando o filho faz *"cara de parede"*! Existem outras – todas difíceis.

Não se assuste, porém, porque nenhuma delas é impossível de transpor. Um segredinho: tente encarar cada nova etapa *pelo ângulo do crescimento*: quer dizer, se o seu filho está numa terceira fase, significa que duas anteriores já foram superadas.

Não é tudo de bom?

O dia a dia dos pais demanda muita paciência e, especialmente, *equilíbrio e clareza de objetivos*. Só quem entende que é repetitivo, cansativo e estressante, *mas muito importante*, fica imune ao número de vezes que é necessário repetir cada regrinha – até que as crianças as sigam sem você precisar falar mais.

O importante é estar ciente de que praticamente todos os que amam os filhos e empreendem a boa luta conseguem!

Também faz diferença saber que a sociedade pós-moderna – com sua gama de novas tecnologias que adentram sua casa e convivem com sua família diariamente – trouxe novos desafios para crianças e jovens, e muitos perigos a mais a serem enfrentados por quem educa as novas gerações.

Não raro, tais conquistas apaixonam e seduzem a jovens e adultos, e nem mesmo nós, pais, sabemos que perigos poderão trazer. Trata-se, pois, de assumir, com coragem e vontade, a decisão de estar atento para evitar que o que pode ser excelente se torne uma ameaça.

Você, com certeza, é um desses pais batalhadores – caso contrário, não estaria lendo este livro! Sim, você quer saber como vencer os novos desafios; portanto, já está com meio caminho andado.

Está na estrada certa. Boa sorte!

PARTE 3

**Você, seu filho,
escola e estudo**

Escola bilíngue ou...

Muitos pais consideram que, optando por uma escola bilíngue, estariam dando melhores oportunidades aos filhos. E a dúvida vem crescendo, mais ainda na atual geração de pais. Escola bilíngue não é apenas aquela que ensina duas línguas – isso todas são obrigadas a fazer a partir da 6ª série do ensino fundamental –, e sim, aquela que faz uso regular de duas línguas *simultaneamente, desde a educação infantil*. A criança é alfabetizada em dois idiomas. E, em algumas delas, todas as aulas são ministradas nessa segunda língua.

Não resta dúvida de que, usando sempre e sendo alfabetizada nos dois idiomas, a criança acaba usando ambas com facilidade. Se esse é um objetivo importante para os pais, então a escola bilíngue é uma boa opção. São escolas, em geral, de custo bem mais alto que as demais.

Pela legislação em vigor no Brasil, as escolas devem oferecer obrigatoriamente aulas de, pelo menos, uma língua estrangeira a partir da 6ª série. Em geral, é oferecida a língua inglesa. Além disso, a partir da 1ª série do ensino médio, o currículo estabelece o ensino de *uma segunda língua estrangeira*, em geral espanhol. Portanto, todas as crianças têm oportunidade de aprender duas línguas estrangeiras nas escolas regulares. Infelizmente sabemos que raramente o aluno alcança o *domínio* do idioma. A carga horária é reduzida, as turmas são grandes, e a possibilidade de praticar, reduzida. Por isso, quem pode costuma matricular os filhos em cursos de idiomas, já que dominar uma língua além da nativa é hoje fator de diferenciação profissional. Mas as escolas bilíngues não existem por isso; foram criadas para atender a filhos de estrangeiros (diplomatas, executivos de multinacionais etc.) que, em geral, residem no Brasil temporariamente. A perspectiva de retornar a seus países de origem após alguns anos criou a necessidade de dar a seus filhos alfabetização e outros conteúdos que lhes permitissem readaptação rápida no retorno. Pais brasileiros precisam saber, portanto, que seus filhos serão alfabetizados em *duas línguas*, isto é, aprenderão a escrever, falar e ler em ambas. Para algumas crianças, uma grande vantagem; para outras, sobrecarga. Vale saber que, além disso, algumas dessas escolas costumam ter diferenças curriculares. É preciso se certificar disso antes de definir sua escolha.

Dominar dois idiomas é excelente, sem dúvida. Mas não se deve tomar a decisão com base apenas nesse aspecto. Objetivos mais amplos, como a linha pedagógica, por exemplo, devem ser considerados. Se o domínio de línguas é um benefício a mais entre tudo o que se deseja, então a opção pode ser ótima. Não se esqueça, porém, de considerar que nem todas as crianças têm a mesma facilidade para aprender. Conhecer as características de aprendizagem de cada um dos filhos é fundamental.

Considere todos esses itens. Leve em conta também a distância da residência, número de vagas e o dispêndio financeiro. E saiba que não há problema algum – *perigo, menos ainda!* – em aprender línguas mais tarde, na 5ª série, por exemplo. Afinal, bons alunos serão sempre bons alunos. Então, se o orçamento não pode suportar mais despesas, ou se seu filho já reclama de ter tantas atividades, não se atormente.

E lembre-se: pode ser melhor, às vezes, deixar para depois!

A escola do meu filho é moderna?

Pais modernos querem escolas modernas. Mas o que é uma escola moderna? Vejamos algumas diferenças: ao visitar a escola em que pretende colocar ou em que seu filho já estuda observe os alunos *em sala*. Para isso basta olhar pelo visor das portas por dois minutinhos ou três. As crianças estão o tempo todo sentadas ouvindo o professor, ou estão fazendo algum trabalho, individual ou em grupo? Estão lendo, se movimentando em sala para pegar material na estante ou em outro local?

Para fazer a diferenciação é necessário observar as escolas durante o período letivo, caso contrário, não há como analisar o que importa. É suficiente observar apenas dez ou 15 minutos, mas é necessário fazer isso várias vezes – em dias diferentes e em atividades ou disciplinas diversas, para que se possa de fato perceber o que caracteriza o trabalho. Algumas escolas dizem adotar uma dada filosofia, mas às vezes nem os professores sabem disso. Percebe-se que não há supervisão, planejamento conjunto, enfim, nada que permita caracterizar o método adotado. Na escola de ensino fundamental moderna, os alunos têm atividades quase todo o tempo; têm poucas aulas expositivas, ao contrário das tradicionais. O que não quer dizer que escolas tradicionais não possam ser excelentes. Tudo depende de como se trabalha – da capacidade dos docentes até a dos gestores e coordenadores.

Agora, atenção: alunos ativos são aqueles que estão fazendo algo direcionado a um objetivo, quer dizer, trabalhando, construindo uma maquete, lendo, discutindo um texto ou tema, ou outra coisa qualquer – sempre, porém, envolvidos em algo que produzirá conhecimento. É diferente de estarem falando ao mesmo tempo, gritando e se empurrando. Em suma: *fazendo bagunça*. Não se deixem enganar! Bagunça em sala de aula não tem nada de aula ativa.

Outra coisa: na escola moderna, o professor também é ativo, supervisiona os trabalhos, orienta, age pedagogicamente, acompanha todo o tempo os trabalhos. Isto é, provê situações que levem o aluno a refletir, levantar hipóteses, crescer intelectualmente. Diferente de dividir a turma em grupos, passar um trabalhinho qualquer e ficar sentado lendo. Também é diferente da aula expositiva, em que o professor fala, escreve um resumo no quadro de giz e os alunos ficam quietinhos, prestando atenção. Ou sonhando, "voando" – às vezes dormindo! Mas não generalize ainda, por favor! É importante saber que nenhuma escola moderna eficiente aboliu as aulas expositivas. Elas são necessárias e muito eficientes em certos momentos: para organização e síntese dos conteúdos. Portanto, não se precipite em classificações – nem toda aula expositiva implica uma escola tradicional, assim como nem todo trabalho de grupo caracteriza a boa escola moderna. *É a predominância e a qualidade das atividades* que permitem ver a diferença entre as duas. Há escolas que têm laboratórios de química, artes e informática, mas os utilizam tão de vez em quando ou tão formalmente que acabam sendo tão tradicionais quanto outros que não os têm. Assim como há escolas que se dizem modernas, porque os alunos fazem somente o que querem – e quando querem! Equívocos da modernidade que precisam ser superados. Nem todas as escolas informatizadas são de fato modernas... Na escola moderna os alunos, entre outras diferenças, participam ativamente quase o tempo todo.

Importa ressaltar que seu filho pode ficar bem em qualquer modelo de escola, desde que tenha sua mente aguçada e seu interesse pelo saber despertado. Se a escola é moderna ou tradicional, ou se mistura um pouco de cada modelo, é uma questão de identificação entre o que a instituição tem como proposta e o que você deseja para seus filhos. O que importa mesmo é que seu filho *goste de ir à escola* – o que, aos poucos, vai se transformando em... *gostar de estudar!*

A escola não faz o que eu quero...

Não há no mundo quem conheça melhor as necessidades de um filho do que pai e mãe. Por isso, análises sobre crianças devem considerar o que pensam os pais. Sim, ouvir os pais já salvou muitas crianças de sérios problemas, como atestam depoimentos de profissionais de várias áreas – medicina, inclusive. Mas essa sensibilidade, levada ao extremo, pode se tornar um *perigo*! Sim, há situações em que o melhor é refrear o coração, porque se deixarmos que apenas ele seja o balizador das decisões que envolvem nossos filhos, em vez de ajudar, poderemos prejudicá-los.

É o caso da escola, por exemplo. É fundamental ter alguns cuidados para que a criança não perca a confiança nos professores ou na instituição – o que não é nada difícil de acontecer. Basta, por exemplo, que os pais comentem negativamente as decisões pedagógicas que a escola toma. Ou que se deixe perceber discordâncias. Especialmente crianças mais novas podem se tornar hesitantes ou inseguras em relação aos docentes. É claro que eventualmente podem ocorrer enganos – como em qualquer área profissional. Ninguém é infalível. Mas, se você tiver alguma dúvida, o melhor a fazer é dirigir-se, de forma direta e franca, à escola, evitando desabonar a instituição, ainda mais na presença dos filhos.

Não são poucos os pais que acham que *o que eles pensam em termos de ensino deve ser acatado pela escola*. Seja quanto à metodologia, o currículo ou outro aspecto qualquer, é cada vez maior a pressão da família para que a escola faça o que ela quer, numa clara demonstração de que confunde *participação* com *injunção*. Recentemente, um amigo me disse que "não se conforma com o fato de que a escola do filho, de 4 anos, não usa caderno de caligrafia". A intenção pode até ser positiva; mas a verdade é que, hoje, quem milita na área educacional e tem formação específica sabe que escrever "com letra bonita" (uma das vantagens do tal caderno de que meu amigo tanto gosta) não é mais encarado como fundamental por várias linhas modernas. Há fundamento na decisão da escola, portanto.

Ao mesmo tempo, e por outro lado, evitar o uso precoce de tablets e celulares, pelos já reconhecidos problemas que pediatras vêm apontando, é uma atitude que vem sendo ignorada pelas mesmas pessoas que tanto se preocupam com o que a escola dos filhos faz.

Por que será que os pais não confiam na escola? Sabendo que, em se tratando de ensino privado, a escolha é livre e calcada no que a família considera ser o mais adequado para os filhos, o que leva a família a pensar que sabe mais do que o profissional da área? Se, por essa ou aquela razão, a escola não correspondeu ao que o pai esperava, não seria mais coerente mudar *de* escola, em vez de tentar mudar *a* escola? A pergunta que faço é: esses pais, como profissionais que são em outras áreas, aceitariam ingerências semelhantes em seu trabalho? Talvez por trás dessa postura exista a concepção de que as *empresas devem agradar a seus clientes*. Agir visando fidelizar o cliente seria perfeito – e até mais fácil – caso a escola fosse uma butique! Vender minissaia e, na próxima estação, saia Chanel pode fazer o cliente feliz. Escolas, porém, vendem outro tipo de produto. É onde se forjam habilidades e competências. E as de qualidade primam por ter profissionais especializados e experientes.

É bom nos lembrarmos disso quando o coração palpitar por conta de ideias costuradas com a linha do amor. Elas podem não ser as mais adequadas à educação no século XXI.

De novo o material escolar

Todo ano é a mesma coisa! Janeiro ainda não está nem na metade e já há notícias de que tantos por cento das famílias brasileiras estão *no vermelho*! E ainda nem fizemos a compra do material escolar!, vocês devem estar pensando. De fato. Mas essa compra pode se transformar numa excelente aula prática de economia!

Comecemos pelos livros! Chame as crianças, elas poderão ajudar: afinal, ninguém é melhor com um mouse nas mãos. Peça que pesquisem nas livrarias virtuais os melhores preços (mas não deixe de supervisionar tudo e conferir). Elas vão fazer isso felizes da vida! Em geral, as livrarias entregam em casa, e a preços mais baixos do que nas lojas físicas. Tarefa concluída? Ajude-as a contabilizar a economia; assim poderão ver, com clareza, a colaboração que deram; e ainda terão feito uma revisão de matemática. Se quiser incentivar ainda mais, peça que calculem o percentual economizado – e o que se pode comprar com o valor.

Segunda etapa: ida à papelaria! Convoquem novamente a meninada! Considerando que a maioria das famílias hoje tem, em média, 1,9 filho (?!), não fica tão complicado. Deem a lista de todo o material a cada uma de suas crianças e deixe que escolham tudo calmamente. Explique que cada uma deve escolher *todos os itens da lista – não apenas os seus*. Ah, avise que quem fizer as melhores escolhas ganhará um prêmio. Mas não diga qual, suspense é bom e as crianças adoram: ficam motivadas! Quando acabarem, faça sua análise final, checando cada item escolhido para verificar quem se saiu melhor. Ao julgar, considere a relação *qualidade x preço x utilidade do produto*. Qualidade deve ser analisada em função da utilidade, do preço e do tempo de uso. Por exemplo: um estojo de lápis de cor pode ter invólucro de papelão, isopor, couro etc. E, claro, o de couro será sempre mais caro – porém, mais durável também. No entanto, se no próximo ano você tiver que comprar novamente esse item, investir no estojo de couro não será econômico nem inteligente (algumas escolas usam lápis, tesouras e canetas comunitariamente, de forma que cada ano tem-se que adquirir outros). Explique isso às crianças quando estiver analisando as escolhas feitas. É fundamental mostrar a razão da decisão, porque só assim as crianças aprenderão que apenas preço pode não ser suficiente para a tomada de decisões. Mochilas, cadernos de capa dura e outros itens, em que a aparência e os personagens que os decoram acabam influenciando as crianças (são feitos para isso mesmo!), devem ser discutidos com elas, especialmente em função de o quanto essas inserções encarecem o produto (faça-os comparar com outros, sem adornos).

Bem, ao final, você até pode ceder em um ponto ou outro, mas não em tudo, senão a lição vai para o lixo (juntamente com suas finanças). Seus filhos vão adorar esse programa, e mais ainda se entenderem o quanto se pode ganhar simplesmente praticando o que o ser humano pode fazer de melhor: *pensar!*

Quanto ao prêmio, uma faixa com dizeres como "Ministro da Economia" ou um sorvete enorme é suficiente. Quem perder ganha o de uma bola apenas. Mas a melhor lição é começar a ter prazer em comprar o que é útil – e a não se deixar manipular.

Como ajudar na recuperação

Começo de um novo semestre! Ufa! Afinal, a casa voltou à calma e os meninos, à escola! Que delícia? Delícia, nada... Seu filho passou todo o primeiro semestre enrolando e o boletim lhe mostra agora a realidade: resultados baixos em várias matérias.

Primeira pergunta que surge: será que ainda vale a pena tentar fazê-lo se recuperar e ser aprovado? A resposta é sim, sem dúvida, porque ele terá estudado todo um semestre, o que significa ao menos quatro meses de estudo! Só isso já é um ganho e, quem sabe, com um pouco de sorte, ele até tome gosto pela coisa?

A seguir, a pergunta é: Como posso ajudar meu filho? Com certeza, tendo muito boa vontade, paciência e dedicação. Lembre-se de que sem estresse tudo funciona melhor! Fundamental é ajudar, mas sem tornar a vida em casa um tormento – e a relação persecutória. Outra coisa: para cada idade uma estratégia: se a criança tem 7 ou 8 anos, a ação deve ser diferente da adotada com adolescentes. Portanto, com filhos menores, monitorize mais. Crianças até mais ou menos 12 anos podem ter problemas de rendimento por várias razões. Dificuldade de concentração e/ou desorganização nos estudos são duas das mais importantes.

Para começar, aja da seguinte forma:

Estabeleça, em conjunto com seu filho, um plano de estudos *a cada semana*. Se for preciso, peça aos professores que listem as dificuldades a serem superadas em cada matéria.

Sem interferir, pergunte como ele seleciona o que estudar – e como estuda.

Se verificar que ele tenta estudar, mas não evolui, pode significar que conteúdos anteriores estejam fazendo falta para a atual aprendizagem. Nesse caso, vá recuando no que foi trabalhado em sala de aula anteriormente, fazendo perguntas ou passando exercícios, até encontrar o que ele não sabe ou em que tem dúvidas (às vezes, somente a superação de um pré-requisito não assimilado permite à criança continuar aprendendo).

Se constatar que seu filho alterna matérias muito rapidamente, antes que possa realmente ter aprendido, é nisso que ele precisa ser orientado. Nesse caso, crie etapas bem claras. Por exemplo: 1º) dividir o tempo de estudo pelas matérias; 2º) executar primeiro as tarefas de casa; 3º) estudar a matéria em que está com pior rendimento.

Ajuda bastante fazer uma ficha de acompanhamento com três colunas, da seguinte forma: na primeira, liste os itens de estudo, um em cada linha; a segunda fica para seu filho ir marcando o que estudou; na terceira, você assinala resultados, quando verificar o desempenho. Essa simples estratégia diminui a ansiedade da criança, impedindo que fique saltando de uma para outra atividade. Também propicia uma boa visão dos progressos.

Oriente-o a somente avançar quando tiver *dominado* o item atual; para isso, divida o estudo em pequenas etapas, que deverão ser vencidas a cada dia de estudo. Pequenas vitórias diárias são fundamentais para incentivar o progresso. Prepare exercícios, cinco ou seis por dia e por etapa, e deixe que ele faça ao final do dia de estudo.

Se puder, fique com seu filho nos primeiros dias, até perceber que ele já se estrutura e estuda mais organizadamente. Quando concluir essa etapa, permaneça a seu lado apenas no início do horário; combine o que estudar e deixe vários exercícios para ele fazer ao longo do estudo (além dos já citados). Em seguida, vá fazer suas atividades. Retorne ao final, para verificar o estudo do período.

Ainda vale a pena "tomar a lição", para verificar se realmente houve melhoras; pode fazer oralmente; de preferência, sem brigar nem perder a paciência. Se verificar que o conteúdo programado para aquele dia não ficou bem entendido, use a ficha para orientar o que precisa voltar a ser estudado.

Caso ambos os pais trabalhem fora e não possam fazer o acompanhamento sugerido, monitorize por telefone; à noite, proceda como nos dois itens anteriores.

Esse acompanhamento deve ser feito em casa por quem tem mais paciência e jeito; se pai e filho ficam nervosos e brigam sempre que se envolvem nessa tarefa, provavelmente o resultado será ruim ou nulo.

Com filhos maiores (leia-se adolescentes a partir de 15, 16 anos) certamente será mais difícil fazer acompanhamento tão pormenorizado. Comece explicando que está disposto a ajudar; se aceitar bem, ótimo! Atue da forma descrita; se, no entanto, você ouvir algo como "não precisa, não sou mais nenhuma criancinha", combine que ele próprio prepare um plano de estudos e lhe apresente; afiance-lhe que é condição para provar que é de fato independente e está se esforçando para melhorar, embora os resultados tenham sido insuficientes até o momento.

Se achar que não sabe explicar bem (comum quando os filhos estão na segunda etapa do ensino fundamental ou no ensino médio) e você tiver condições financeiras, contrate um professor-explicador para sanar os problemas acumulados – e evitar que progridam.

O professor-explicador deve ser orientado pelos pais em relação às dificuldades do aluno, para que trabalhe de forma a acelerar as aprendizagens anteriores, propiciando oportunidade de alcançar de novo o nível da turma.

As aulas do professor-explicador devem ser horas *a mais de estudo*, visando competências anteriores; não devem substituir, portanto, o estudo diário do que foi trabalhado em sala de aula, o que deve ser feito pelo aluno a cada dia e acompanhado pelos pais, para evitar novas defasagens.

Bom trabalho!

Como prevenir o bullying

Quem é que ainda aguenta ouvir falar sobre bullying? É assunto top! No entanto, a falta de conhecimento, aliada a informações equivocadas, pode facilmente conduzir as pessoas a se sentirem num mundo hostil e sem perspectivas. E, em consequência, o que surge é um sentimento de apocalipse e desesperança. Por isso, creio que ainda vale rever o tema.

O bullying é, de fato, *um dos perigos* a que tanto adultos quanto crianças e jovens estão expostos. É importante, porém, não confundir a agressividade e a perseguição sistemáticas que o caracterizam com desentendimentos pessoais, que ocorrem vez por outra na vida de todos.

O que percebo, de modo geral, é que os pais têm muito medo de que os filhos se tornem *vítimas* desse tormento implacável e inconsequente; raramente, no entanto, supõem que eles possam vir a ser os agressores nesse contexto. Verdade é que qualquer pessoa insegura e agressiva, que busca se destacar e se sentir importante dentro de um grupo, pode sim se transformar no agressor de outro mais fraco. Então, seja para quem agride ou para quem é agredido, e seja onde for que o problema surja, se faz necessário um trabalho conjunto firme e seguro entre escola e família. Se ambas adotarem sistematicamente algumas medidas – de preferência antes que o problema surja –, o efeito será muito bom.

A primeira medida é a harmonização – família e escola precisam agir de forma que os jovens percebam *com clareza* que nenhuma das duas aceitará atitudes antissociais, preconceito ou discriminação. Outra atitude importante é assegurar – e divulgar – que quem denunciar os que agridem terá sigilo e proteção. O bullying prospera e demora a ser descoberto porque tanto quem sofre quanto quem assiste tem medo de ficar desprotegido caso revele a agressão. Outra coisa: é preciso que esse trabalho esteja presente na vida das crianças *desde a infância*. Se você desenvolve a empatia, que é a capacidade de supor como o outro se sente se for perseguido ou injustiçado, quer dizer, se a criança aprende a compartilhar sentimentos, se desde pequena é educada para ser gentil e respeitosa e se acredita que essa forma de ser lhe garantirá espaço no grupo, a nossa tarefa estará quase finalizada.

Há ainda algumas outras medidas que pais e professores podem e devem tomar e que influem direta e positivamente: a) tratar a questão dos limites com segurança e afeto, a partir dos 18 meses de idade; b) não ter dúvidas e interferir sempre que se fizer necessário, com atitudes firmes e objetivas no que diz respeito à formação ética dos jovens; c) não aceitar que a criança desrespeite os mais velhos, os fracos e quem é diferente. Isto é, nós, adultos, precisamos reassumir o quanto antes o papel de formadores de cidadãos, abandonando a postura superprotetora cega e a crença de que amar é aceitar qualquer atitude, satisfazer todos os desejos e não responsabilizar ou criticar os filhos quando adotam comportamentos equivocados ou antissociais, usando os mais variados pretextos e desculpas para justificar o que está simplesmente errado.

É assim que seu filho vai aprender a respeitar – e a exigir respeito.

De que lado você está?

Diariamente a mídia relata o envolvimento de jovens "de boa família" em delitos graves. Os pais têm, portanto, um novo perigo a atormentá-los: que os filhos se envolvam em atos ilegais.

E *esse perigo* é um desafio e tanto a ser ultrapassado!

Quando a sociedade parece ter abandonado os valores que nos humanizam, induzindo de forma incansável ao consumismo e ao prazer a qualquer preço, a melhor estratégia que os pais podem adotar é conjugar forças com quem se dedica verdadeiramente à formação das novas gerações – a escola. Quanto mais adversa é a situação social, maior a importância da união entre ambas. O trabalho começa na escolha da escola, decisão que deve se nortear pela identificação de uma instituição cuja proposta educacional se coadune com a da família. Quanto mais próximos forem os objetivos da família e da escola, maiores as chances de sucesso. Infelizmente, o que se vê hoje são desentendimentos frequentes que colocam em campos opostos as duas principais instituições educadoras da sociedade.

Quando pais e mestres brigam, os únicos prejudicados são os jovens. Ao optar por uma escola com propósitos semelhantes aos seus, a *confiança na instituição cresce* e os conflitos tendem a ser raros. Não termina aí, porém, o trabalho dos pais, porque a prevenção à marginalidade exige um longo e paciente percurso, no qual os limites e o respeito às regras sociais têm papel relevante. Uma das tarefas da família é consolidar nas crianças a ideia de que *estudos não são negociáveis*. Nem tanto pela obrigatoriedade legal, mas porque é preciso que nossos filhos estejam *positivamente ocupados*.

Ensinar a respeitar o saber e fazer com que tenham objetivos e diretrizes na vida são, portanto, o melhor legado que pais podem dar aos filhos. Significa supervisionar e zelar pela organização e cumprimento das tarefas, e pelo apoio à escola e formação de bons hábitos de estudo. Começando na educação infantil esse valor estará incorporado lá pela 4ª série. Daí em diante, o importante é estabelecer horários de estudo e horas de lazer. Depois é acompanhar pela caderneta ou internet, com regularidade, mensagens e recados da escola, para assim manter-se a par da situação dos filhos. Importantíssimo é não desautorizar a escola. Não que ela não erre nunca; mas é preciso pesar *a real importância de uma ou outra falha diante de ganhos e progressos globais de todo o processo*. A confiança dos alunos nos professores é tão essencial que vale a pena abrandar a tendência de "cobrar medidas imediatas" e só procurar a escola de cabeça fria.

Instituições de qualidade estarão sempre abertas a ouvir os pais (não significa atender sempre nem a tudo que os pais sugerem).

Num momento em que tantos estímulos induzem nossos filhos a más escolhas, precisamos agir de forma que não os leve a desrespeitar quem a eles se dedica. Faça observações diretas e construtivas, quando for o caso; vá à escola e apresente suas ideias, mas sem prejulgamentos.

Enquanto brigamos com nossa melhor aliada, "o inimigo" aproveita para cooptar os jovens e alcançar seus objetivos, reforçando ideias como "subir na vida sem esforço", "fazer só o que dá vontade", "consumir sempre mais" (aí é que entram as drogas!). Podemos ganhar essa guerra; mas não se gastarmos energia brigando com quem está verdadeiramente do nosso lado nessa luta inglória!

PARTE 4

Seu filho adolescente e você

Acampamento para rebeldes

No início de 2015, por duas semanas, o *Fantástico* mostrou acampamentos que se multiplicam nos Estados Unidos, nos quais jovens insubordinados vêm sendo internados por seus desesperados pais. Diante da desobediência constante e sem condições de convivência familiar mínima, exauridos pelo constante fracasso de seus apelos, optam pela medida como recurso contra a marginalização – direção na qual parecem caminhar seus filhos. São jovens com quem o diálogo se mostrou inútil e que desrespeitam quem com eles convive.

A internação varia de um fim de semana a um ano. Depende do "gerente" do campo, em geral, um fuzileiro naval aposentado e inspirado na própria experiência de obediência sob pressão. Sem qualquer preocupação psicológica, os gerentes se encarregam de mostrar aos mimados clientes que ali o regime *absolutamente não é o do diálogo*. Mantêm os meninos em tarefas sucessivas, alternadas com exercícios físicos pesados, até que, exauridos, caiam na cama e durmam, se as dores musculares deixarem, até o dia seguinte, quando tudo recomeça. Nada de afagos aos que choram. Agem na crença de que, mimados, seus internos precisam de um *choque de realidade* para compreenderem o que é a vida. Assistindo à matéria, tem-se a impressão de um campo de trabalhos forçados. Dá para supor o quanto aprontaram, até que seus pais tomassem tal decisão: é uma derradeira tentativa de evitar um final sem retorno.

A volta ao tema se deveu ao fato de que 86% dos telespectadores afirmaram que colocariam os filhos no tal campo, se estivessem em situação semelhante. Faltou somente alertar que não se chega a isso porque os filhos *nasceram tortos*. Eles nasceram *como todos*; foram se modificando porque compreenderam que *podiam*. Em outras palavras: jovens rebeldes não nascem rebeldes. A rebeldia surge ao perceberem que podem ser os reis da casa (ou os tiraninhos) quando, recém-saídos das fraldas e desde o primeiro chilique, não encontraram autoridade parental, que agisse de forma a impedir a progressão do "malfeito".

O ser humano é como a água: se a deixamos fluir solta, se infiltrará por todos os cantos; se for contida, só irá até onde pode – compreenderá o seu limite. Assim são os filhos também. Na vida, na escola, em casa ou no trabalho. Pais que têm pressa de dar bens materiais, mordomias e confortos excessivos, que superprotegem os filhos, que não os fazem compreender que para cada direito há um dever que lhe tem correspondência direta, são sérios candidatos aos problemas que o programa mostrou. E o que é pior: terão a surpresa de perceber que, mal põem os pés em casa, mesmo que tenham tido excelente conduta no campo, os filhos logo voltarão ao que eram e o problema ressurgirá. Ali os reizinhos continuarão a ser reis, porque encontrarão os mesmos pais que pedem desculpas por tudo, que não exigem nada e que não exercem sua função precípua: criar cidadãos produtivos que contribuam com a sociedade. A mudança drástica de atitude parental é a solução para o problema. E quanto mais cedo, melhor. É a falta de clareza do seu papel na condução e educação dos filhos desde os primeiros anos de vida que origina rebeldes "sem causa" – e boa parte dos problemas que acabam desembocando nos campos que o *show da vida* mostrou.

Os mais graves prejuízos

A conversa era entre pais. Hospedados num hotel, trocavam experiências à mesa do café. Sentada ao lado, não pude deixar de ouvir. Um deles contava, com carinha feliz de quem está orgulhoso, que os filhos (um rapaz de 15 anos e a menina de 14) tinham ficado em casa pela primeira vez por sua própria conta. Preocupado, telefonara uns dias após a partida para ter notícias e soubera, pela empregada, que, mal tinham dado as costas, o filho promovera uma superfesta! Claro, pensava que não chegaria ao conhecimento deles. Mas o som alto e a algazarra – exacerbada pela bebida – ficaram tão altos, que os vizinhos se queixaram ao síndico. No auge da animação, o tecido do sofá fora danificado e vários objetos acabaram quebrados. Ele contava a história e ria a mais não poder. E, em tom de segredo, avisava a todos que não comentassem com a esposa, de quem sempre protegia as crianças, porque ela era "dureza". Acrescentou ainda que, quando ela ficava brava com os meninos, ele os avisava para que ficassem fora de casa até as coisas se acalmarem.

Bem, não sei o que você pensa a respeito e, embora tenha sido engraçada a forma como o pai contou, fiquei pensando que os meninos deviam realmente adorar o pai – e ver a mãe como uma espécie de carrasco. Realmente ser a fada-madrinha é muito melhor do que ser a bruxa da historinha. Acima de qualquer coisa, porém, pai e mãe devem formar uma dupla unida em prol da educação dos filhos. Mas parece que há sempre um que luta para ser o bem-amado, sem atinar que assim se desfaz a parceria do casal e, mais grave, instala-se a mágoa em quem fica com a "carga" (o papel da bruxa da historinha), o que pode acabar até em separação. Mas o pior é que, quando o casal apresenta posturas divergentes, a dúvida se instala em quem está aprendendo a viver em sociedade e começando a compreender as regras que a regem. Com altos prejuízos! Pense bem: se quem a criança mais ama e confia lhe apresenta atitudes opostas, ambas lhe soam dignas de crédito. Então, em que direção acha que ela se inclinará? Para a que a deixa mais feliz, claro! Criança é criança! Precisa, portanto, de quem a oriente; e nem sempre o mais prazeroso é o que nos compete fazer na vida.

Um casal ter opiniões ou posturas diferentes é natural; desautorizar o companheiro na frente dos filhos é que é problema. Pontos de vista opostos se resolvem com diálogo – e acordos que contemplem equilíbrio e maturidade! É a melhor forma de evitar prejuízos bem mais sérios do que sofás manchados e cinzeiros quebrados. Afinal de contas, não somos pais somente para agradar a prole! Temos um compromisso com nossos filhos e com a sociedade, porque, no futuro, eles serão, em grande parte, o que hoje deles fizermos.

A arte de conversar

Alguns casais comentam que se sentem muito frustrados quando os filhos demonstram – com total clareza e, por vezes, sem a menor piedade – sua preferência por um dos pais. Seja para conversar, brincar, fazer confidências ou tirar dúvidas, essa predileção provoca no outro um incômodo sentimento de menos-valia e rejeição, assim como certa dúvida sobre sua própria capacidade de dialogar. Muitos temem que essa relação mais forte com apenas um deles possa trazer prejuízo para a relação no futuro. Compreensível.

Ideal seria que os filhos conversassem com ambos os pais, mas como o *ideal* raramente corresponde ao *real* – já é bom quando se consegue manter *aberto o canal de comunicação*, mesmo que com um apenas. Independentemente de ser um excelente pai ou uma mãe maravilhosa, os filhos podem ter mais afinidade com um dos dois – mais em função da personalidade ou do jeito de ser de cada um do que por alguma inabilidade específica. Às vezes, justamente por terem temperamento parecido é que o diálogo fica mais difícil. Não significa que não haja afeto ou amor, mas que simplesmente a interação é mais fácil com o outro. O importante, no fim das contas, é que estejam orientando o filho. Se é com o pai ou a mãe, não importa. Afinal, quase sempre, "o escolhido" irá transmitir as ideias que *o casal* defende.

De todo modo, vale tentar analisar se não é a *forma de conversar* que acaba com o diálogo. Alguns pais não podem ouvir uma confidência dos filhos sem logo fazer uma preleção (que, aliás, os jovens odeiam); outros se impacientam porque o filho dá detalhes que não vêm ao caso; enquanto outros se chateiam porque o jovem é lacônico, dando a entender que não quer conversar de fato. E aí começa uma discussão sobre "forma" que inviabiliza a troca de ideias sobre o conteúdo, que é o que realmente importa. Sim, é difícil, mas somos nós os adultos, não?

Em geral, todas essas atitudes parentais derivam da ansiedade ou do medo de que algo negativo aconteça ao filho. Seja qual for o motivo, porém, se o diálogo não acontece, e, pelo contrário, a conversa acaba em discussão, é provável que na próxima vez o jovem procure outra pessoa para se abrir. É muito importante, portanto, conter a ansiedade *e saber ouvir*. É essencial deixar que o jovem fale, mais do que falar. Pelo menos no início do papo. Adolescentes conversam muito entre si porque sentem as mesmas inseguranças e sabem que com alguém "da turma" não serão julgados nem criticados. É importante, pois, que não haja um clima de crítica, de reprovação ou de falta de confiança quando se conversa com o filho. É claro que isso nem sempre é muito simples, até porque o que constitui problema para um jovem de 12 ou 14 anos pode parecer ridículo e sem sentido para um adulto de 40. Daí que, por vezes, botamos tudo a perder com expressões que nos escapam dos lábios inadvertidamente, como: "Mas é *esse* o problema?" E, ainda que realmente o problema nos soe ridículo, é preciso fazer um esforço para lembrar de como éramos quando tínhamos essa idade – o que ajuda a evitar atitudes que cortam a comunicação.

Depois de ouvir, de preferência em silêncio, apenas mostrando interesse por meio de expressões incentivadoras ("foi mesmo?"; "e depois, o que aconteceu?"; "nossa, imagino como você deve ter se sentido"), aí sim, chega o momento de expressar sua opinião. E a melhor forma de fazer isso sem que o diálogo seja rompido é compreendendo o enfoque do seu filho, a forma como ele vê – e pensa o problema. Mesmo que você não concorde, deixe que se expresse. E, ao expressar *a sua* ideia, não a apresente como o único caminho. Também não dá bons resultados sair logo falando, falando, apontando caminhos e soluções, como se soubéssemos tudo. E, mesmo que seja verdade, não se pode escancarar tal fato para quem está sofrendo, mesmo que nos pareça ser uma insignificância. Quer dizer, se desejamos que eles nos vejam como aliados.

De certa forma, é mais importante descobrir o que pensam e como pretendem encaminhar o problema e as soluções. É surpreendente e prazeroso descobrir como eles podem resolver sozinhos – e bem – várias coisas.

Por vezes, nossos filhos só precisam falar para, imediatamente depois, vislumbrarem a solução para o que os está perturbando. Aliás, não apenas nossos filhos, mas muitos de nós, adultos, também reorganizamos nossas ideias apenas por termos a felicidade de existir alguém que nos ouça com amor e carinho. Sem julgamentos ou avaliações.

Sem dúvida, para pais carinhosos, é bem difícil manter silêncio ou ficar calminho ouvindo quando se vê a solução *ali, bem na nossa frente* e podemos até fazer por eles o que estão inseguros para tentar. No entanto, muitas vezes, escapar dessa tentação é a melhor forma de ajudá-los a crescer. Perguntas do tipo "O que você está pensando fazer a respeito?" ou "Você já tem alguma ideia de como agir?" ajudam bastante – a ambos. Ao pai, porque acaba sendo um treinamento eficiente para controlar a vontade de determinar caminhos; e, para o filho, porque lhe dá a possibilidade e a confiança de pensar alternativas para o que o aflige com o apoio de alguém em quem confia.

Nem sempre a solução que eles apresentam coincide com a que nós daríamos, mas quando ouvimos sem preconceitos, sem achar sempre que a nossa é a melhor e a mais correta, poderemos ter grandes e gratas surpresas: o "jeito" de eles encaminharem as coisas também funciona! Aí é só dar aquela força, apoiar, mostrar sua admiração pela forma de agir e pensar. Claro, se não for nada antiético ou que os coloque em sérios riscos.

Sentir que o pai e a mãe apoiam suas iniciativas (e até concordam com elas) é extremamente positivo para o amadurecimento do jovem, e colabora para abreviar a insegurança da idade. E pode também servir para que, nos momentos de discordância, haja mais confiança, apesar das diferenças.

E, finalmente, se o pai que não foi escolhido para conversar entende a situação, e, de forma madura, dá apoio ao que tem diálogo mais fácil com os filhos, ótimo. Pelo menos, não atrapalhará o processo por ciúme, o que já é excelente! E quem conversa com o filho pode – e deve – tentar descobrir *o porquê* do não entendimento, contribuindo assim para a melhoria das relações na família.

Por uma boa noite de sono!

Estudos publicados por instituições confiáveis, como a Harvard Business School, por exemplo, atestam que o rendimento dos estudantes decresce à razão de 0,9% à medida que as horas do dia avançam.

Outra pesquisa, realizada em escolas da Dinamarca, também comprovou a relação entre horário e desempenho de alunos. A Academia Americana de Pediatria chegou a sugerir que as aulas se iniciem a partir de oito e meia, para permitir que os jovens durmam nove horas, reiterando a relação *sono/sucesso acadêmico*.

Na contramão de tudo isso, o Centro de Controle de Doenças dos Estados Unidos alertou há pouco para o fato de que dois em cada três estudantes do ensino médio dormem menos de oito horas, o que traz vários problemas de saúde, como aumento de peso e queda do desempenho, além de uma consequência indireta: o aumento do uso de drogas estimulantes ilícitas, visando a diminuir a sonolência nas aulas. Vale lembrar que as escolas começam às oito horas nos Estados Unidos e aqui, em geral, às sete e meia.

Acho excelente que as mídias deem destaque aos progressos científicos, porque democratizam e tornam os avanços das diversas áreas do saber conhecidos de todos. É o que permite aos gestores tomarem decisões incorporando tais progressos, além naturalmente das variáveis específicas de cada área. Também em educação o desejável é que toda a equipe esteja a par dos avanços científicos e tecnológicos, especialmente os que se vinculam diretamente aos alunos.

Antes, porém, que os mais afoitos generalizem e comecem a exigir que se proíbam provas ou aulas em tais ou quais horários, é preciso lembrar que cabe aos pais a tarefa de supervisionar os filhos e se certificarem de que durmam o suficiente. E, considerando que no Brasil trabalhar antes dos 16 anos é proibido, nada justifica varar noites acordado, a ponto de prejudicar o rendimento acadêmico – a não ser o voluntarismo do jovem, ao optar por ficar nas redes sociais e nos joguinhos até altas horas, conduta gerada, em grande parte, pela falta de autoridade dos pais em relação aos filhos. Não admira que, nas salas de aula, o número de alunos cabeceando ou cochilando venha crescendo.

Mas não são somente as escolas que precisam analisar e incorporar novidades – é tarefa da família também. É vital que os jovens tenham consciência de que, quando chegar a hora, o mercado de trabalho *não se adaptará a seus desejos*. Quanto antes perceberem que há um sistema lá fora que exigirá – logo que se profissionalizem – horários, tarefas, prazos estritos, responsabilidade e pouca flexibilidade, tanto mais preparados estarão.

Quanto mais cedo se formar essa ideia na cabecinha dos nossos filhos melhor: ideal é começar a formar tal consciência – *o que é o mundo* – ainda no ensino fundamental, lá pela 5ª, 6ª série. E isso se faz *pela valorização dos estudos*. Sem qualquer atitude persecutória, mas sempre mostrando como é importante se preparar para o futuro, escolher bem a carreira, ter bom desempenho e se esforçar para superar eventuais dificuldades.

O bonito da vida inteligente é buscar equilibrar o fiel da balança. Trata-se de propiciar aos jovens, sempre que possível, conhecimentos sobre os avanços que a engenharia, a medicina e outras ciências trazem, e, sobretudo, de muni-los de discernimento sobre *o que é a vida*. E hoje, nós, adultos, sabemos que, em qualquer parte do mundo, a vida adulta é concorrência, luta por emprego e muita competição. No caso do Brasil, são itens que, ao menos por enquanto, só tendem a aumentar frente à crise seriíssima que atravessamos.

Não podemos criar os filhos numa redoma de vidro, superprotegidos (embora a tendência do nosso coração seja mesmo essa!), porque, mais adiante, ao se depararem com a realidade da vida adulta, sofrerão – e, o que é pior, não aceitarão bem o fato de que ninguém estará preocupado se estão ou não com sono.

Portanto, bom mesmo é dormir enquanto se pode. Contem a eles!

Ainda sobre o sono...

Você sabia que adolescentes precisam de cerca de nove horas de sono por noite? Não? Foi o que pensei. E que, nessa fase do desenvolvimento, o sono chega mais tarde, em torno das 22 ou 23 horas? Isso explica (*em parte!*) por que tantos jovens apresentam certa queda no rendimento escolar lá pela 6ª série. Com aulas começando cedo e dormindo tarde todos os dias, acabam tendo um déficit de sono que diminui a concentração e a capacidade de assimilar o que os professores propõem ou explicam. Consequentemente, o rendimento e a aprendizagem podem ficar comprometidos.

Outro fato que concorre para a queda do rendimento é que, exatamente nesse momento da vida escolar, os conteúdos vão se tornando mais e mais complexos. Ou seja, há uma tendência natural, nessa faixa etária, para dormir e acordar mais tarde, o que cria um descompasso em relação à escola, que aqui, em geral, começa por volta de sete e meia. Significa dizer que, semanalmente, nossos jovens podem acumular um déficit de 10 a 12 horas de sono, aproximadamente. A tendência é tentar dormir mais nos finais de semana para reequilibrar o organismo – o que não funciona para sanar os problemas que causa, como já foi comprovado.

Há outros agravantes: segundo alguns estudos, as luzes dos aparelhos eletrônicos (*celulares,* computadores), por exemplo, que permanecem ligadas sempre, também diminuem a qualidade do sono. Ficar jogando os tão atraentes jogos eletrônicos, antes de deitar, então, nem se fala! Deixam os jovens "ligadões".

O maior desafio, portanto, é conseguir que os filhos se recolham até, no máximo, às 22 horas nos dias de semana, o que garantiria dormir as nove horas recomendáveis.

Ciente dessa guerrinha cansativa, listo aqui alguns ótimos *instrumentos de convencimento,* que podem contribuir para atenuar a batalha:

1º) Dormir pouco altera a produção de alguns hormônios: a *leptina* – produzida principalmente à noite – que é quem informa ao cérebro quando precisamos comer; e a *grelina* – outro hormônio, que age em conjunto com a *leptina* – que estimula o apetite e nos mantém alertas.

2º) Quem dorme menos do que precisa tem, portanto, *grande chance de engordar* – devido às alterações na secreção dos citados hormônios. Dá para dizer que "dormir pouco engorda"! Sem contar que quem fica acordado até tarde costuma fazer um lanchinho extra de madrugada. E o pior: estudos demonstram que, à noite, as pessoas tendem a preferir alimentos muito calóricos e pouco nutritivos (balas, bombons, bolos!).

3º) Há ainda o *hormônio do crescimento* (GH), que é secretado *justamente quando estamos dormindo.* Uau!

Se você estava sem recursos para convencer seus filhos sobre a necessidade orgânica de sono, use e abuse desses três argumentos! Afinal, a insegurança dos adolescentes os faz desejar ficarem altos, sem espinhas e atraentes – *sejam eles meninos ou meninas!* Como não se encantar, portanto, com tais argumentos? Emagrece, faz crescer e, de quebra, melhora o boletim também!

Sem contraindicações!

Entendimento ou atendimento?

A nossa geração é (ou pretendeu ser) a *geração do diálogo*. Não sei de outra época com tanta preocupação e desejo de dialogar como de quatro décadas para cá. Acredita-se, com muita propriedade, que a melhor forma de comunicação interpessoal, política ou empresarial se alcança através da troca de ideias. Diretor, chefe ou coordenador que atua resolvendo problemas e buscando a consecução de objetivos, utilizando o método de solução de problemas (que embute a consideração dos projetos e desejos de todas as partes envolvidas), é visto como o líder ideal. Na família e nas escolas, busca-se o mesmo.

Mas será que o diálogo está, efetivamente, acontecendo? Pais e filhos estão se entendendo melhor? Professores e alunos estão sabendo verdadeiramente criar um espaço dialógico em sala de aula? E no trabalho, as pessoas estão sabendo ouvir, falar e reivindicar?

Segundo o dicionário *Aurélio*, dialogar é "travar ou manter entendimento com vista à solução de problemas comuns"; é também: "entender-se, comunicar-se". Portanto, só se pode dizer que houve diálogo quando, ao final do processo, chega-se a algum nível de entendimento. Que não significa que houve, *obrigatoriamente,* concordância de todos sobre tudo que se debateu ou conversou, mas sim que se conseguiu chegar a um nível de entendimento que permite que sejam feitos acordos e tomadas de decisões a respeito. É importante, pois, compreender que o diálogo pode levar ao consenso (concordância de todos sobre o assunto em questão) *ou não.*

E o que é autoridade? Ainda segundo nosso amigo *Aurélio*, é o "direito ou poder de se fazer obedecer, de dar ordens, de tomar decisões, de agir, é aquele que tem tal direito ou poder".

Pais e professores ocupam funções sociais de liderança. A existência de figuras de autoridade, bem como a *liderança democrática,* não implicam, de forma alguma, exclusão do diálogo.

Tenho presenciado várias situações em que uns acusam outros de autoritários quando, na verdade, estão apenas inconformados por não terem atendidas suas reivindicações. Mas não nego que muitas pessoas não sabem dialogar; e que também não é raro verificar que algumas delas, no exercício do poder, vão se tornando, pouco a pouco, autoritárias.

Por outro lado, há que se considerar que se entender com o outro – em especial, manter a tranquilidade e o equilíbrio frente a opiniões contrárias às suas – é realmente difícil. É fácil perceber que parte dos que reclamam de seus chefes ou das autoridades a que estão submetidos não têm reais motivos para reclamar; em outros casos acusações ocorrem simplesmente porque quem não tem suas reivindicações atendidas, tenha ou não havido diálogo, acusa quem não as atendeu de antidemocrático tão somente por uma espécie de "vingancinha" pessoal. Sim, mancha a imagem de um chefe (ou de um pai) ser tachado de "autocrata".

Realmente há pessoas que não conseguem aceitar serem contrariadas em nada. Por não saberem lidar com o "não", frustram-se tanto que usam qualquer recurso para culpar o outro por esse sentimento incômodo.

Em geral, pessoas que agem assim não têm noção do que seja de fato dialogar, confundindo o conceito com o seu próprio desejo a ser satisfeito. E há, ainda, os que fazem essas acusações de má-fé mesmo, tão somente para conseguir o que desejam. Por isso, apelam para o que se transformou em uma forte pecha à liderança: acusar de antidemocrático e autoritário qualquer líder que não faça ou atenda a tudo o que querem.

No âmbito da escola, ocorre o mesmo: não é incomum encontrarmos crianças e jovens que consideram *diálogo* como sinônimo de *anuência aos seus desejos*. Quem pensa dessa forma transforma qualquer esforço de interação na tentativa de fazer com que quem detém o poder atenda ao que deseja: uma nota melhor na prova; a mudança de turno; a compra de uma roupa nova; a viagem dos sonhos; ou a permissão para chegar atrasado às aulas! Não atendidos, rompem o diálogo, acusando de "arbitrariedade" ou "autoritarismo" o que é tão somente *impossibilidade de atendimento* – e liderança.

E, às vezes, a estratégia funciona, porque, afinal, quem quer ser tachado de antidemocrático?

Há aí um engano na compreensão do que seja o processo dialogal. O que é um desafio a ser enfrentado por pais e professores... Quem é autoridade e deseja adesão à sua liderança, seja pai, diretor de escola, o professor em sala de aula ou um chefe em uma empresa, procura utilizar o diálogo como técnica eficaz na busca do entendimento.

O que as pessoas muitas vezes não compreendem, nem aceitam, é o fato de que nem sempre quem lidera pode *atender* o desejo ou a reivindicação da pessoa ou do grupo.

É o que torna o diálogo tão difícil e, às vezes, impossível: a expectativa equivocada de que, conversando, todos os anseios serão concretizados. Em suma, entendimento = atendimento.

Enquanto pais, professores e outras autoridades atendem às solicitações que lhes são feitas, são tidos como democráticos e capazes de dialogar. No momento, porém, em que algo precisa ser negado – ainda que depois de ouvidas e analisadas todas as argumentações –, são imediatamente tachados de autoritários. Independentemente de quantas outras solicitações tenham sido discutidas e aceitas anteriormente.

Quando a pessoa investida de autoridade (técnica ou funcional) discute uma proposta, mas, por uma série de razões, a rejeita, não significa obrigatoriamente que não houve diálogo. O importante é que todos tenham podido expressar suas opiniões e pensamentos – e que tenha havido realmente análise e reflexão sobre o ponto de vista do outro, de ambas as partes. Quando o diálogo é real, as informações são captadas, analisadas e até aceitas – em alguns casos. Mas não sempre.

Daí a importância de se esclarecer que em quaisquer relações, sejam as que envolvem figuras de autoridade ou pessoas igualmente posicionadas hierarquicamente (colegas de trabalho ou amigos, por exemplo), o não atendimento à reivindicação nem sempre significa autoritarismo, nem falta de amor, como interpretam alguns.

No diálogo verdadeiro não há vencedores nem vencidos:

1) pessoas ou grupos decididos a se ouvirem, *sem prejulgamentos ou preconceitos*;

2) vontade real de analisar, refletir e tomar decisões a partir dos argumentos apresentados *por todos os envolvidos*;

3) canal de comunicação aberto *nos dois sentidos*;

4) respeito ao outro e às posturas do outro;

5) capacidade de ouvir e analisar argumentos e reivindicações;

6) mudança de atitude ou decisões, a partir do momento em que lideranças e/ou grupos se sintam verdadeiramente convencidos das ideias apresentadas; e

7) aceitação das decisões tomadas pelo grupo e/ou autoridade, quando for o caso, ainda que nem sempre tais decisões contemplem, no todo ou em parte, aquilo que todos e cada um desejava.

Vou me divorciar, e agora?

Qualquer pai consciente deve ficar confuso ao tomar conhecimento dos resultados de certos estudos que a mídia divulga, que, embora empreendidos e publicados por estudiosos e instituições confiáveis, apresentam resultados totalmente opostos em relação às mesmas questões.

Por exemplo: faz algum tempo, a revista *Veja* estampou em suas páginas amarelas as conclusões da terapeuta americana Judith S. Wallerstein – em seu livro *A inesperada herança do divórcio* – sobre o que chamou de "marcas indeléveis" que os filhos de pais separados carregariam vida afora, sugerindo, inclusive, que casais que vivem juntos, sem maiores conflitos, ainda numa relação sem sal ou amor, deveriam continuar juntos pelo bem dos filhos! Na mesma época, outras revistas publicaram resultados de estudos, também de fontes sérias, que afirmavam – com igual veemência e segurança – o mal que faz aos filhos conviverem com pais que já não se amam e ficam juntos apenas por conservadorismo, covardia ou conveniência financeira.

O que fazer diante disso?

Penso que cada um deve viver de acordo com o que sente que é o melhor para si e para sua família. Cada um tem o direito de tomar suas próprias decisões a respeito de assuntos tão graves e pessoais – desde que seja de forma madura e consciente –, e ainda que leia e leve em consideração estudos e pesquisas.

Se, portanto, você se decidiu pela separação, e se é uma decisão de que tem certeza, há algumas providências que devem ser levadas em conta, de forma a minimizar possíveis consequências emocionais nos filhos.

De modo geral, se pensa que, quando pais de adolescentes se separam, os prejuízos são menores do que se os filhos são ainda pequenos. Razão por que tem gente que espera os filhos crescerem para, só então, se separar. Não se sabe, porém, comprovadamente, que isso realmente seja assim.

A adolescência é um período de insegurança e de mudanças profundas nas áreas afetiva, intelectual e física. A crise familiar pode, portanto, de fato, se tornar mais uma fonte de ansiedade. Embora sejam menos dependentes dos pais, não se pode deixar de considerar eventuais dificuldades emocionais. Mesmo quando aparentemente mostram-se fortes, colaboradores ou indiferentes, ainda precisam muito dos pais – especialmente para orientação e apoio em relação às sérias questões que começam a se colocar em suas vidas, como namoro, escolha profissional, pressões de grupos etc.

É bom considerar que: 1) é na adolescência que nossos filhos estão formando conceitos sobre relacionamento com o sexo oposto; portanto, a dissolução da família, *dependendo da forma como ocorre*, pode abalar sua confiança num relacionamento duradouro; e 2) o adolescente tende a adotar atitudes bem mais ousadas que em outros momentos da vida; é, aliás, uma das características da fase; se a separação dos pais ocorrer de forma traumática e violenta, pode incrementar comportamentos de risco – especialmente em relação ao uso e abuso de drogas, queda de motivação pelos estudos, sexo de risco etc. Quero deixar bem claro, porém, que isso não ocorre sempre, nem obrigatoriamente. Se você sente que não há outra solução para sua vida que não seja a separação, faça-o. Mas, sabendo do que acabei de colocar, fique atento, e tome algumas providências que costumam funcionar muito bem e que ajudam a evitar *perigos a mais para o jovem*.

O que melhor funciona é abordar o assunto de forma franca e direta. Nessa fase da vida, eles já têm total condição de compreender o assunto. O ideal é que os próprios pais deem a notícia, e em conjunto se for possível, para que os filhos possam dirimir dúvidas e expressar seus medos e inseguranças livremente – e na presença de ambos os pais.

Os sentimentos dos adolescentes em relação à separação dos pais são, em geral, contraditórios. Grande parte das vezes eles já intuíram que vocês não estão mais se entendendo. De modo que a notícia da separação pode gerar uma atitude de aceitação imediata. É como se dissessem: "já imaginávamos, por isso não estamos surpresos, nem preocupados", mas é importante que os pais não se deixem iludir por essa impressão de autossuficiência, que pode ser aparente. Às vezes, eles ocultam seus medos, para não parecerem criancinhas assustadas, mas é bem provável que estejam se sentindo exatamente assim. E, como o casal que se separa muitas vezes também está desestruturado, é compreensível que sintam até certo alívio ("ufa, um problema a menos", pensam os pais) e acatem como real a aceitação da situação. Por isso, procure ter momentos que oportunizem conversas descontraídas, nos quais os filhos possam expressar o que sentem, para que esclarecimentos e informações os tranquilizem. Muitos casais, assoberbados que estão com seus próprios problemas, inadvertidamente se descuidam disso.

Não custa nada ficar de olho para não lamentar mais tarde ou para que não se sinta culpado depois.

Adolescência e tattoo

Virou febre fazer tatuagens – sejam rapazes ou moças. Para os pais que ficam inseguros, sem saber o que fazer sobre esse desejo dos filhos, é um verdadeiro tormento – tanto pelos riscos que podem trazer se não houver cuidado como também porque muitas pessoas olham quem se tatua com desconfiança, relacionando-as à agressividade, o que pode levar ao preconceito.

É claro que o jovem, exatamente por ser jovem, tende a evitar ouvir qualquer coisa que lhe pareça, mesmo remotamente, tentativa de lhe negar algo. Vira caso de vida ou morte. É o que torna tão difícil conviver e lidar com essa fase.

No entanto, se você é contra e realmente não quer que seu filho se *decore*, como se uma tela fosse, o ideal é se antecipar e deixar clara a sua posição, ainda antes de ele entrar na adolescência.

É importante, porém, estar preparado para argumentar com embasamento, trazendo informações relevantes sobre o assunto.

E, claro, se você não se opõe – não há conflito algum!

Agora, se você está numa posição intermediária, quer dizer, tem restrições a respeito, mas acha razoável e aceitaria uma ou duas pequenas, desde que não agressivas, deve definir isso, desde logo. E deixar claro que terão que definir *juntos* a respeito. O que não funciona é brigar, gritar ou espernear sem apresentar alternativas ou argumentos.

Então, *sem trocadilho*: faz-se necessário *tato* para fazer frente à *tattoo*! Para boa parte dos adolescentes, colocar piercings em locais estranhos; fazer do tórax e braços uma tela lotada de imagens indeléveis; pintar unhas e lábios de preto; tingir uma nesga compridíssima de cabelo na tonalidade laranja, enquanto promove uma raspagem à máquina zero nos fios restantes; parecem ter o mesmo significado: *diferenciar-se do grupo*. Isso mesmo: os jovens querem mostrar que têm características próprias: que são seres autônomos, individuais e únicos. Ao mesmo tempo, porém, querem, e muito, que o grupo os aceite e ame!

As colocações que forem feitas a respeito de tatuagens devem levar o jovem a *pensar*. É essencial mostrar que é uma forma praticamente *permanente* de "decoração do corpo". Mas isso, claro, todos sabem. O que, em geral, a maioria não sabe, e infelizmente pouco se divulga, se relaciona diretamente com os procedimentos e cuidados de aplicação. De modo geral, o adolescente se sente atraído pela ideia, mas ignora que o processo envolve *alguns perigos*. O primeiro é a *discriminação* – em geral, quando os temas são agressivos, por exemplo.

Também vale explicar-lhes que o processo em si envolve bastante dor e muitos cuidados pós-aplicação.

Em geral, os jovens também não têm a mínima noção das técnicas de remoção das tatuagens (a maioria dos pais também não), ainda muito precárias, o que leva a que se alerte os filhos a que pensem bastante antes de se decidirem, por exemplo, pelo nome da namoradinha do momento. Provavelmente, pode – e vai – mudar ainda várias e várias vezes.

É raro saberem, e nesse caso, os pais também, que, sendo menor de idade, precisam de sua autorização para fazê-lo. Sei que há muitos que fazem sem autorização dos pais, mas os tatuadores profissionais sérios estão cientes e exigem o documento de autorização. Desconfie, portanto, de quem tatua jovens de 11 ou 12 anos sem exigir nada além do dinheiro.

Vale saber também que as tatuagens mais simples levam cerca de uma hora para serem feitas, e as complexas, muitas e muitas horas. O procedimento é doloroso e a dor permanece ainda por algum tempo, após o término.

Por isso, o profissional consciente nunca passa de três a quatro horas por sessão; é que *o limiar da dor diminui com o passar dos minutos*, e não é raro adolescentes desavisados desistirem antes de finalizado o desenho, devido à complexidade do modelo escolhido, que pode determinar, como disse anteriormente, muitas horas e várias sessões de agulhadas.

Também se deve *conversar a respeito de preço*, porque raramente os jovens pensam nisso. É, aliás, uma boa forma de limitar tamanho e local, especialmente porque quem vai financiar a empreitada certamente serão os pais.

Vale também saber que a dor é maior ou menor em certos locais do corpo: tornozelos e pescoço, por exemplo, são áreas muito sensíveis e, portanto, tatuagens nesses sítios provocarão mais dor durante o processo.

Pondere e explique cada um desses itens a seu filho. Pode ser que ele desista antes de fazer.

Adolescência e sexo

Os jovens hoje têm tanta informação que não dá para entender por que se expõem a perigos tranquilamente evitáveis.

O resultado dessa imprevisibilidade é que gravidez precoce e o retorno de doenças sexualmente transmissíveis, entre elas a AIDS, voltaram a crescer entre jovens.

Que os pais não se iludam: mesmo quando os filhos afirmam que sabem tudo sobre sexo, na maior parte das vezes, não o sabem. Além disso, há outro fator que concorre para o aumento dos *perigos*: a crença de que com eles nada de ruim acontece.

É verdade! Somente na idade adulta se compreende que *tudo acontece conosco também*. É o que chamo de *mito de imortalidade*, que, aliado à desinformação, os leva a se arriscarem bastante. Por isso os jovens têm coragem para dar e vender – e acabam fazendo coisas de que, poucos anos depois, se arrependem. E que não repetiriam, se pudessem voltar atrás. E, assim, bebês vêm nascendo; jovens vêm morrendo em acidentes de trânsito perfeitamente evitáveis; muitos se envolvem com drogas ou contraem doenças praticamente erradicadas anteriormente.

É essa crença – de que são invencíveis, quase imortais – que os faz viver rindo, exuberantes, e brincando tanto entre si, enquanto que os adultos, à medida que passa o tempo, riem e brincam cada dia menos. A idade da razão chega e, com ela, a consciência.

Bom lembrar que até os adolescentes bem informados arriscam uma *transadinha*, se estão, por exemplo, cientes de que a menina acabou de menstruar e, sabidos *como pensam que são*, utilizam a informação da forma que julgam mais agradável. Também são bem capazes de acreditar que *a primeira vez não engravida*, que *tabela não falha* e que *esquecer a pílula só um ou dois dias não dá problema*. O *princípio do prazer* os faz ignorar consequências por vezes penosas dos seus atos, apenas para não abrir mão daquilo que estão a fim de fazer naquele exato momento. Por isso é tão fundamental nos preocuparmos com *quanto de prazer nossos filhos querem da vida* – muitas vezes em contradição com a responsabilidade social que todos devemos ter e observar. Se os deixamos totalmente livres tão cedo, certamente enfrentaremos problemas cada vez mais sérios.

Para alívio de todos, vale saber que, bem trabalhados, os jovens costumam adotar posturas consequentes e maduras. Mas é especialmente necessário que os pais os estimulem a não viver só em função do momento e do hedonismo. Somente assim a adolescência se tornará um período positivo, de amadurecimento – e não uma idade em que os perigos se mostram crescentes.

Contra o "mito da imortalidade" as armas são: educação, diálogo e informação. E, embora pareça que os jovens têm muito diálogo atualmente com os pais, isso não é bem verdade: não em todos os níveis sociais, nem em todas as famílias. Somente cerca de 20% conversam com os pais sobre todos os assuntos.

Talvez a falta de clareza e segurança que alguns pais sentem ao conversar com os filhos, especialmente sobre questões ligadas à sexualidade, contribua para exacerbar o problema. Se você se sente assim, não lave as mãos. Busque definir as posturas que a família aceita e as que considera inadequadas – e passe-as de forma clara e objetiva a seus filhos.

Nessa fase, ajuda bastante mudar do pediatra para um hebiatra (médico de adolescentes). O principal, porém, é haver segurança e clareza na comunicação com adolescentes.

Para isso é importantíssimo que os pais conversem primeiramente entre si e definam o que consideram aceitável, e o que não.

Não significa, logicamente, que seus filhos acatarão tudo de imediato e "na boa"! Mas muitos aceitarão, sim; e os que não aceitarem ao menos saberão que estão indo contra o que se espera deles. Pode parecer que não, mas isso ajuda muito, porque os faz pensar duas vezes antes de agir de forma inadequada ou contra o que a família estatuiu. Ainda que não pareça, ajuda muito!

Seja, portanto, claro.

Beber é um mal mesmo?

Aumenta a cada dia o número de pessoas que, independentemente de idade, gênero ou classe social, faz uso de bebidas alcoólicas de maneira indiscriminada, sem acreditar (apesar do tanto que já se falou e se fala a respeito) que esse hábito pode realmente conduzir à dependência e a sérios problemas de saúde.

Por ser uma droga lícita, muita gente acha que beber não oferece qualquer perigo. Muitas pessoas nem mesmo a reconhecem como "droga". Infelizmente o álcool, quando consumido de forma constante, leva sim à dependência, podendo trazer sérios danos à saúde. A longo prazo traz prejuízos irreparáveis (como a cirrose hepática), sem contar o processo de deterioração pessoal e profissional, que pode arruinar a vida do usuário e de toda a sua família.

O álcool é também responsável pelo maior índice mundial de absenteísmo no trabalho, além de o alcoolismo constituir um grave problema social em muitos países.

Não é por outro motivo que a legislação brasileira proíbe a venda de bebida alcoólica a menores. Os estabelecimentos comerciais estão sujeitos a penalidades bastante severas se não respeitam a lei.

Infelizmente, como a fiscalização é escassa e ineficiente, grande parte do comércio nem liga para a legislação, ignorando totalmente seu papel social.

Os pais têm, portanto, importante papel nesse tópico – cabe a eles conscientizar os filhos, não somente do ponto de vista legal, mas especialmente com relação aos problemas que o uso sistemático pode trazer.

Na sociedade atual, é grande o número de jovens que bebem muito – e desde cedo. Mas não somente por culpa de comerciantes inescrupulosos e da conhecida impunidade que impera no Brasil. Há outro fator importante atuando sobre jovens (e adultos também): somos bombardeados diariamente por mensagens subliminares em filmes, programas de TV e anúncios nos quais o álcool sempre aparece vinculado a situações de sucesso, alegria e felicidade. A indução é sutil e desenvolve o desejo, além de promover uma série de justificativas para o uso sistemático. Beber para se alegrar; beber para descontrair; beber porque está triste; beber porque os outros bebem; beber porque é chique, beber para comemorar.

A pergunta que devemos nos fazer é: Q*uem bebe sem jamais perder a sobriedade, quer dizer, quem toma um drinque ou outro, somente em algumas ocasiões e para na hora certa, precisa mesmo de alguma justificativa?* Ou será que as justificativas se tornam necessárias para aqueles que, no fundo no fundo, têm consciência de que o álcool já se tornou uma espécie de "muleta" social e emocional?

Dentro desse panorama, poucos pais conseguem segurança para orientar os filhos a não fazerem uso de álcool antes dos 18. Na verdade, há mesmo uma inibição em proibir o uso de bebida alcoólica que soa como "caretice", "moralismo" ou exagero. E ninguém gosta de parecer careta, muito menos moralista. Por isso não são poucos os que se omitem, enquanto outros, quando orientam, o fazem de forma evasiva ou tímida. E, no entanto, dar orientação clara e objetiva sobre o tema, conversar e fornecer dados concretos aos filhos (evitando utilizar conceitos morais apenas, tais como "é feio","não fica bem", "é errado") é tão importante! Afinal, grande parte dos jovens embarca nessa canoa por insegurança, curiosidade ou para acompanhar os amigos. Ensinar, portanto, os filhos a dizer "não", a enfrentar pressões do grupo e muni-los de argumentos fortalecedores e convincentes pode fazer muita diferença na tomada de decisões de adolescentes confusos.

Além desse trabalho, outro, que funciona talvez ainda melhor, é o *exemplo*. Se os pais bebem apenas em festas ou ocasiões especiais e, se quando o fazem, são moderados, nunca passando das medidas, é bem provável que os filhos lhes sigam os passos. Afinal, tomar um drinque eventualmente não é pecado nem deteriora a imagem de ninguém (evidentemente, se for com elegância, o que, no caso significa: saber dosar o uso).

É comum, hoje, adultos beberem com frequência e regularidade. Tem gente que toma uma dose de uísque *todas as noites* ao chegar a casa – no mínimo! É um ritual de relaxamento. E muitos não apenas uma: nos fins de semana, nos restaurantes, nas festas – em todas as ocasiões, enfim! Não há reunião que não seja regada a muitos e muitos drinques. Não significa que os pais não possam ou não devam beber nunca porque tiveram filhos. Podem, é claro. Porém, de forma moderada e mantendo-se sempre sóbrios. O importante é que fique claro para crianças e jovens, desde cedo e principalmente pelo exemplo, que *moderação é a tônica* no que se refere à bebida.

Por outro lado, quanto mais tarde os jovens começarem a beber, melhor. Os pais devem aproveitar que a lei existe – e utilizá-la a favor dos filhos. Se for difícil argumentar usando outros recursos, pode ser bem confortável alertar que, antes dos 18, o uso de bebida constitui infração passível de punição ao menor, mas que incide *sobre os responsáveis*. Deixe que seus filhos tomem consciência disso. Peça-lhes que reflitam se desejam ver os pais *presos* simplesmente porque eles não quiseram esperar para beber quando a sociedade permite.

E para quem acredita que está imune à dependência, vale lembrar que a Organização Mundial da Saúde (OMS) classifica como *alcoolista* o indivíduo que, por cerca de dez anos consecutivos, consumiu ao menos uma dose diária de bebida.

Em outras palavras: sem considerar a tragédia que afeta tantas famílias – é enorme o número de jovens que perdem a vida (ou ficam inutilizados) devido a acidentes de trânsito ocasionados pelo uso de bebida, aliada à direção –, os pais podem ter certeza que é um grande ganho postergar o início do uso até a maioridade. É só pensar que um menino que começa a beber aos 13, aos 23, poderá ter adquirido dependência. Alarmante! Portanto, adiar o uso o mais possível, aumenta muito a chance de não se tornarem *adictos*. A estratégia de *ganhar tempo* traz um grande ganho que, por si só, compensa e justifica enfrentar sermos acusados de caretas, antiquados ou moralistas.

As temíveis "más companhias"

Pais conscientes e dedicados passam anos e anos da vida deles orientando, educando, protegendo os filhos. Enquanto pequenos é mais fácil ("fácil" é força de expressão quando o tema é educar!). Quando começam a sair sozinhos, fica mais complicado. Festinhas, cinemas, shows... Que medo, que sufoco! Tanta notícia horrível nos jornais! São tantos o*s perigos.*

Como agir se um belo dia você vê ou fica sabendo que seu filho vem fazendo novos amigos justo entre aqueles que – com certeza – são considerados "péssima companhia"? Será que proibir funciona? E qual o caminho, se a proibição, pura e simples, parece não adiantar?

Defendo a tese de que devemos ser *autênticos nas nossas relações*. Com filhos, mais ainda! Portanto, *se você tem certeza* de que alguns amigos exercem ou poderão vir a exercer má influência sobre o seu filho, enfrente o assunto com franqueza – e de forma direta.

Proibir de forma taxativa e unilateral, principalmente na adolescência, é atitude que tende a desmoralizar mais do que funcionar. A não ser, pois, em situações especialmente perigosas, deve-se evitar a proibição pura e simples. O ideal, primeiramente, é tentar estabelecer um diálogo franco, no qual se coloquem as informações que nos chegaram; em especial, se forem *fatos* – e não suposições ou ti-ti-tis – de que tivemos conhecimento. E digo "num primeiro momento", porque nós, pais, sabemos que o mais bem-intencionado diálogo muitas vezes não funciona com parte dos adolescentes.

Há três décadas agradeceríamos a Deus se tivéssemos podido conversar com nossos pais sobre certos assuntos. Atualmente, muitos pais me confidenciam que é preciso quase "obrigá-los a conversar". Que coisa estranha e difícil, meu Deus! Meu marido, quando nossos filhos estavam nessa fase, dizia, de forma tragicômica, que "até que os filhos se tornem adultos responsáveis, nós, pais, passamos 24 horas dos nossos dias 'evitando que eles se matem'". Exageros e perigos à parte, é mais ou menos isso que nos cumpre fazer, em vários aspectos.

No caso das *más companhias*, é essencial que explicitemos claramente os receios em relação ao que supomos que poderá prejudicá-los e os demais membros da família. Não tema expor seus medos. Falar das nossas emoções e sentimentos é positivo, porque revela aos filhos uma face mais humanizada dos pais, além de referendar nosso cuidado com eles. Em especial, revela o nosso amor. Além disso, para que o diálogo funcione, é fundamental que o jovem possa fazer, também ele, suas colocações sobre o problema sem que encaremos enfoques que contrariam os nossos, como obrigatoriamente errados ou infundados. Às vezes, exageramos mesmo nos medos e cuidados. Afinal, vivemos uma época tão violenta e assustadora que uma *paranoiazinha* é praticamente normal. Para ilustrar, relato um caso verídico.

A mãe de um adolescente ficou sabendo, de fonte segura, que um colega do filho fazia uso regular de maconha, com possibilidade também de ser usuário de outras drogas mais pesadas. A primeira reação que teve – claro – foi de medo. Medo não, pânico!!!! Sabendo como os jovens são influenciáveis, ficou muito insegura, desarvorada, até porque o rapaz frequentava a casa deles. Gosto de lembrar que, se uma criança é orientada e educada com amor, segurança e limites desde a infância, não é absurdo confiar em que os princípios éticos fundamentais que lhe passamos do nascimento até a juventude, dão bons frutos – *quase sempre*. Então, se a sua é uma casa onde a justiça, a ética, o amor e o equilíbrio são elementos preponderantes, uma boa conversa, um alerta e o pedido para que evite ou esfrie uma determinada relação pode até ser suficiente, em muitos casos.

Foi o que ocorreu: essa mãe tinha uma boa relação com o filho (o que não significa dizer que nunca ocorreram conflitos entre eles): os dois conversaram e ela contou o que ficara sabendo e de que forma; falou também do medo que sentia de o menino ser preso um dia, e ele, por estar junto no momento, ser preso também; mostrou-lhe o que significa "ser fichado" na polícia em termos pessoais e profissionais; levantou ainda a possibilidade de, numa situação de aperto, o colega pedir (ou até esconder) drogas na casa deles etc. Não foi uma conversa fácil – mesmo com o bom relacionamento que havia. Ao final, ela ouviu do filho a afirmativa convicta de que jamais se envolveria com drogas. Ainda assim, essa mãe corajosa (hoje contrariar os filhos está se tornando um ato de coragem) pediu-lhe que não trouxesse mais o colega a casa deles – e vice-versa. De início, ela queria um rompimento definitivo, mas deixou-se convencer pelos argumentos do filho de que isso seria muito difícil de cumprir por terem amigos em comum e serem da mesma escola. Ao abrir mão da exclusão que o filho temia assumir, acertando apenas um esfriamento e gradual distanciamento, chegaram a um consenso. E tudo se resolveu bem.

O entendimento final, no entanto, só foi possível porque, embora penosa (essas conversas não são nada agradáveis), de fato, mãe e filho tiveram a possibilidade de fazer suas colocações livremente, apresentando um ao outro seus pontos de vista – com franqueza e confiança mútua.

Nem sempre, porém, os filhos aceitam o que os pais ponderam, mesmo que exista respeito e diálogo. Mas é possível vencer as dificuldades, desde que se fale com o coração, e que esse falar tenha sido constante e *começado cedo*. Apenas o amor, porém, não soluciona tudo: por isso cabe aos pais ter *argumentos fundamentados em leituras de autores confiáveis,* de forma que permitam fazer o jovem perceber solidez e consistência no que lhe estamos dizendo.

Quanto mais nossos jovens participarem e discutirem as decisões que os envolvem e a família, mais rapidamente se tornarão aptos a assumirem a vida adulta, capacitando-se a gerir adequadamente seu próprio destino. Mas, atenção, discutir decisões juntos não é decidir pelos pais! E, com os menores, certas conversas só a partir dos 8 anos, e, ainda assim, dependendo da maturidade da criança. A autoridade dos pais deve continuar sendo dos pais, ainda que se dê voz e ouvidos aos filhos.

A primeira ex-futura nora

Hoje em dia, os adolescentes começam a "namorar sério" em torno dos 15, 16 anos. É o primeiro amor que chega com força total. Costuma durar cerca de 3 a 4 anos, em média. A maioria deles (45,8%) se inicia sexualmente nesse relacionamento. São dados de um estudo que realizei com cerca de mil jovens, em várias cidades brasileiras.

Esse primeiro grande amor, no entanto, com frequência, se desfaz depois desse tempo. Muitos pais, conquistados pelo *primeiro genro* ou *primeira norinha* que "já eram da família", se sentem tristes quando os filhos rompem. Claro! Namoro hoje é quase morar junto – só que na casa dos benevolentes papais. E, como a convivência com o casalzinho é de tempo integral, é natural que quem com eles convive se ressinta da ruptura. Afinal, fazem tudo junto: vão à escola; fazem as refeições um na casa do outro; tiram cochilos, que ninguém é de ferro; e, ao acordar, tontos e esfomeados, também em dupla, atacam a geladeira – com a voracidade insuperável e a alegria da idade! Tem pai que até compra cama de casal – para "os meninos não estragarem a coluna". Então, quando tais queridos desaparecem sem deixar vestígios, as saudades e interrogações começam – é natural.

É bom saber que essa separação é quase inevitável, porque a adolescência é essencialmente uma fase de franca transformação. Mudam muito fisicamente, mas as maiores mudanças se relacionam a atitudes, forma de ver, pensar e entender o mundo.

Atualmente dividimos a adolescência em três subfases. A primeira vai de 10 a 14 anos; a segunda, de 14 a 17; e a última, de 18 até a idade adulta. Enquanto na primeira subfase, o que mais se percebe são as mudanças físicas, na segunda, o mais flagrante são transformações na forma de pensar e ver o mundo, a família e os pais. É um momento difícil para eles e para os pais, que se deparam com a infindável e recém-assumida postura crítica dos filhos. Faça calor ou frio, seja dia ou noite, eles parecem estar sempre prontos a contestar e a antagonizar com quem viviam *chamegando...*

A instabilidade emocional, o antagonismo e a inquietação são as características mais marcantes desse período. A partir daí, e em torno dos 17, 18 anos, as coisas tendem a melhorar. Mas aos poucos – não se animem!

É que, quando chega aos 18 anos, pode ter mudado tanto que chega a parecer, por vezes, outra pessoa. É compreensível, pois, que um relacionamento afetivo – que começou aos 15 anos – termine quando se chega aos 19. E, como vivemos em tempos liberais, namoro não implica necessariamente compromisso para toda a vida, portanto, o casalzinho, que parecia ter nascido um para o outro, descobre, perplexo, que não tem mais nada em comum. Cada um segue, pois, seu caminho.

*Na boa; na paz! C*omo gostam de dizer.

E querem saber? É bom que seja assim!

As estatísticas mostram que quem se casa muito cedo, especialmente não tendo ainda completado sua formação (intelectual, moral e física), tende a se separar em proporção mais alta do que quem se une quando já sabe mais concretamente *quem é* e *o que deseja da vida*.

Ajudar, como?

O noticiário colocou a polêmica: kit de exame caseiro pode detectar quem utiliza 12 tipos de drogas em até *noventa dias pós-uso*.

O teste, aprovado pela Food and Drug Administration, órgão regulador norte-americano, classifica o usuário por níveis: do leve ao gravíssimo. A análise requer apenas um pelo ou fio de cabelo e o envio pode ser pelo correio com garantia de sigilo, afirmam representantes da empresa, com sede nos Estados Unidos.

A matéria se limitou à análise da atitude de uma família que apelou para o exame, quando sentiu que havia esgotado outras possibilidades, como o diálogo, por exemplo, já que o filho negava o uso, embora suas atitudes denunciassem o contrário. Na reportagem, uma psicóloga afirmou que, feito em segredo, o teste abalaria os laços de confiança entre pais e filho. Um universitário, também ouvido, classificou como "invasão de privacidade" a iniciativa dos pais.

Pena que quem compôs a matéria não ouviu *nenhum pai que vive o problema*. Ah, como é fácil julgar!

Somente quem acompanha de perto pode avaliar o desespero que é para um pai descobrir que seu filho usa drogas! E que, além disso, tem que encarar o fato de que há uma surpreendente capacidade de os filhos *mentirem convincentemente, negando e negando de novo* a realidade justo para quem está verdadeiramente disposto a lutar por ele. E olhe, são poucos! Mas pai é pai. E, em geral, capaz de superar a dor dessa descoberta e, ainda assim, fazer de tudo para ajudar na superação do problema.

Quem condena a atitude desses pais deveria ao menos apontar caminhos e alternativas que fariam a mágica de os filhos contarem espontaneamente que estão fazendo uso de drogas e que querem se tratar, já que o diálogo, nesse campo espinhoso, vem se mostrando verdadeiro fracasso. Em geral, nessas circunstâncias, os pais são os últimos a saber.

É ingênuo achar que, *somente conversando*, em casos assim, de dependência, os pais serão *ouvidos e seguidos*. Acredito no diálogo, funciona sim, mas quando se trata de *prevenção* – e se os laços e o entendimento começaram na infância.

Se a questão fosse simples como a reportagem queria fazer crer, o número de viciados seria bem menor – porque conversar é o que mais se faz hoje, sem que isso evite que parte dos jovens tome trágicas decisões.

Vai longe o tempo em que se podia afirmar que quem se drogava provinha de famílias desequilibradas, nas quais maus-tratos físicos e emocionais constantes levavam à busca do falso alívio das drogas – forma de fugir de uma situação insustentável e adversa.

Os que trabalham na área atualmente sabem que boa parte dos adictos de hoje, ingênuos e inexperientes, porém muito voluntariosos, decidem experimentar, simplesmente, porque querem. Porque, afirmam, "têm direito de fazer o que querem!".

Em geral, começam usando ecstasy e maconha, sem falar no álcool, que já é usual, especialmente nas baladas e festas – onde são apresentados às drogas, sempre reforçadas por "amigos" que as apresentam como "uma coisinha para esquentar a noite, que todo mundo usa, na boa!". Pois é, começa assim, mas evolui de outra maneira – e bem diversa.

Então, pergunto:

Como rotular de *quebra de confiança* o citado exame, se foi o filho que descartou sua orientação e confiança?

Como culpar os pais, se o jovem decidiu, em sã consciência, experimentar e cometer um ato ilegal – que ele sabe ilegal – apenas porque *decidiu*?

Quem nega que está usando substâncias ilegais enquanto agride, desestrutura e até rouba a família, está preocupado e tem direito à privacidade e a falar em lealdade?

E como condenar quem luta para salvar o filho, usando os recursos (poucos) que estão a seu alcance? Os jovens que cometem tais desvios raramente contam à família, menos ainda espontaneamente e, especialmente, aos pais.

Seria interessante ouvir as opções e propostas daqueles que, antes de tudo, culpam os pais, *sempre e por tudo*. Se são presentes, é porque sufocam o filho; se não estão nem aí, é porque não estão nem aí...

Em tempo: só se aceitam propostas de soluções e caminhos se forem baseados em experiências concretamente vivenciadas – e *bem-sucedidas* em sua maioria.

Em tempo: dos dependentes *que decidem se tratar*, apenas 20% têm sucesso e largam as drogas. É um dos grandes *perigos* que rondam nossos filhos hoje. Especialmente porque parte da sociedade reage de forma a ignorar que um rapaz de 12, 13 anos, no século XXI, não sabe perfeitamente o que está fazendo quando aceita experimentar maconha, ecstasy ou outras substâncias que causam dependência e acabam com a vida de quem prova e de quem tenta ajudá-lo.

Prevenir, prevenir e prevenir! Esse é o melhor caminho; ainda que os jovens nos digam: "Já sei, mãe!" ou "Tô cansado de saber, pai!".

A droga da vez

O GHB, ácido gama-hidroxibutirato, é uma das novas substâncias usadas em baladas, boates e em algumas festas rave. E, embora a cada ano surja outra ainda mais nova, vamos falar dessa, que é bem recente.

Atende pelos apelidos de "líquido X" e "ecstasy líquido".

Não é difícil adquirir em festas, boates – e mesmo pela internet. Inicialmente usado como anestésico e, a seguir, por fisiculturistas mal-orientados como substituto aos esteroides, passou a fazer parte das drogas quimicamente manipuladas, utilizadas na noite.

De que forma migrou para boates e festas não se sabe. O que importa aqui é alertar para suas funestas consequências. É claro que os jovens vão achar exagero, "mico", e até rir da nossa preocupação. Apesar disso, temos que esclarecer e orientar nossos filhos, reclamem ou não! Afinal, as drogas são, de fato, um grande *perigo*.

Hoje, temos obrigação de fazer nossos filhos saberem que, em algum momento, em um lugar qualquer, talvez até no menos esperado, alguém vai oferecer droga a eles; seja numa inocente festinha ou numa ida à boate.

E, ainda que não pareça, ajuda muito ter essa consciência, porque ao menos não serão pegos de surpresa, o que permite que busquem argumentos e "ensaiem", digamos assim, a melhor forma de dizer "não" – sem medo de parecer *caretice*. Aliás, medo de parecer careta já levou muito jovem a experimentar.

O GHB é utilizado em dose subanestésica – já pensou? – e age elevando o nível de dopamina, razão por que provoca o sentimento de *enorme felicidade*, além de aumentar o estado de alerta. Por essas razões tem sido comparado ao ecstasy. É altamente potente e pode causar graves intoxicações – além de morte súbita. Comumente usado sob forma líquida, existe também em pó e em comprimidos. É incolor, inodoro e levemente salgado.

Costuma ser misturado a bebidas alcoólicas, o que só aumenta os riscos, já que o etanol *potencializa os efeitos depressores do GHB*. O resultado da ingestão se faz sentir cerca de dez a trinta minutos depois, durando de duas a cinco horas.

Como todo anestésico, seu uso seguro está relacionado diretamente a cálculos minuciosos e exatos de peso, metabolismo, pressão sanguínea e sensibilidade. Em outras palavras: é difícil prever a reação orgânica de cada um que dele se utiliza.

O argumento mais usado (e totalmente anticientífico) é exatamente esse: "Já usei várias vezes; não dá nada, cara; é maneiro, você fica ligadão a noite toda!!" Alerte seus filhos sobre isso!

Realmente, alguns podem ter usado e não ter acontecido nada – o que não significa que não poderá acontecer em outra ocasião em que utilizem. Baseados, porém, nessa parca experiência, apresentam-na aos amigos como droga inócua e segura. É a mesma irresponsabilidade que faz com que classifiquem de *careta e antiquado* (ou outros adjetivos menos delicados) a quem combate ou se nega a usar.

Vale lembrar que atitudes de gozação, zombaria e insistência costumam funcionar bem com adolescentes, dada a já citada insegurança e ao desejo de serem bem aceitos pelo grupo, fazendo com que desavisados se aventurem por caminhos sem retorno. Em outras palavras: acabam aderindo por medo de rejeição e necessidade de aceitação.

Alerte seu filho sobre esse tipo de manobra. E, juntos, vocês podem pensar numa boa forma de negar, que faça com que ele não se sinta "por baixo" ao não aceitar o que lhe é apresentado como "maneiro", "moderno", "da hora"!

Usuários relatam euforia, diminuição da inibição e agitação – sensações que, em princípio, parecem positivas. Como, no entanto, a diferença entre o que é uma dose inofensiva e outra, que é adversa, varia de indivíduo para indivíduo, fica quase impossível prever o que acontecerá.

Os sintomas de intoxicação por GHB são: náusea, vômito, incontinência (perda de controle dos esfíncteres, com emissão involuntária de fezes e urina), distúrbios visuais, ataxia severa (incapacidade de coordenar os movimentos musculares voluntários), bradicardia (redução dos batimentos cardíacos para 60 por minuto ou menos), hipotensão (queda de pressão arterial), hipotermia (diminuição da temperatura do corpo), depressão respiratória, delírio, baixo nível de consciência ou inconsciência.

As *consequências* variam entre vertigens, perda de visão periférica, sedação, perda temporária de memória, inconsciência e amnésia – uma ou várias delas conjugadas. Como é uma droga pouco conhecida, médicos e cientistas não podem precisar os efeitos do uso a médio e longo prazo. Os primeiros dados a respeito datam dos anos 1990. Estados Unidos e Europa, no entanto, já registram mortes e internações de jovens inconscientes e com sinais de toxicidade.

Além de todo esse horror, o GHB parece estar relacionado também a estupros e outras violências sexuais, cometidas sob seu efeito, e que, volta e meia, vemos descritas em jornais e na tevê. Quer dizer, além do risco alto à saúde e à vida, o usuário coloca em jogo a integridade de quem convive com eles.

Cabe à família conscientizar os filhos sobre esses perigos e redobrar cuidados, atenção e orientação. E saber sempre *onde estão e com quem*.

Outra medida eficiente é verificar, com frequência, como estão quando chegam a casa, após uma noitada. Levante-se, vá até ele, olhe nos olhos, veja como caminha, dê uma beijoca. E, se tudo estiver normalzinho e ele inteiraço, diga que levantou para beber água. Na outra madrugada, diga que teve insônia e ficou lendo. Ou que levantou para dar-lhe uma beijoca. Se vir que ele está joia, volte feliz para suas cobertas e agradeça a Deus! E a você também, que está trabalhando direitinho!

Em resumo: orientar, informar e... ficar de olhos abertos!

Aprender o máximo possível sobre o assunto, por mais que nos cause repulsa, é uma ótima providência! Evite, porém, usar *qualquer informação que lhe chegue às mãos.* Pode acabar paranoico ou perder credibilidade. Use fontes confiáveis. Sites de busca na internet, só para se ter uma ideia, apresentam mais de *um milhão de links ao se digitar "GHB drugs"* – em menos de um minuto de pesquisa. Portanto, procure verificar a origem do que vai ler e dê preferência a órgãos ligados a ministérios ou secretarias de educação e saúde, universidades e centros de pesquisa conhecidos, que não farão estardalhaço nem apologia.

O *saber* é a arma que possibilita abordar o assunto com segurança. É fundamental também tratar dos aspectos éticos da questão: ilegalidade do uso, possibilidade de ferir outras pessoas e de causar danos irremediáveis à vida, à própria saúde e às pessoas que ama.

Educando em tempos de crise

Sempre me perguntam como é que um pai pode exigir que os filhos sejam éticos, quando tudo ao redor influencia a que façam exatamente o contrário? É inquietação compreensível de quem ama.

Por isso que reafirmo: ensinar limites e ética é ainda mais importante hoje em dia, porque o momento em que vivemos, em função de tantos escândalos e corrupção, conspira para que os jovens, ao se depararem com os malfeitos da realidade do mundo, tenham a ilusória impressão de que roubar, esconder fatos, mentir e enganar é "normal". E é aí que cresce a importância da ação da família. Afinal, se nos calamos diante do descalabro, quem ensinará os mais jovens a ler a realidade criticamente?

Ensinar limites é treinar as novas gerações a conviver – sem se desequilibrar – num mundo frustrante e aparentemente caótico; é ensinar a enfrentar essas frustrações (uma das quais é exatamente perceber a imperfeição do mundo) sem se deixar levar por dúvidas sobre a forma moralmente correta de agir. Cabe a nós, pais, semear a força moral que impedirá nossos filhos de aderirem ao que esteja na contramão da ética – por mais que outros lhes sussurrem aos ouvidos que "todo mundo faz isso, o que é que tem de mais?" E impedir que dificuldades e imperfeições da sociedade se transformem em barreiras intransponíveis à conduta profissional exemplar ou em empecilho a relacionamentos afetivos verdadeiros.

É alicerçando a ética que evitamos que o jovem se deprima ou se marginalize, pela revolta que domina os que se defrontam com a realidade imperfeita sem um preparo anterior para a percepção de que milhões de brasileiros, que vivem de forma íntegra, não constituem matéria de interesse às mídias. E é por essa razão – e não porque não existam – que não os encontramos a toda hora nos jornais e na tevê.

Ensinar a respeitar limites e a ser honesto é preparar os filhos para o exercício efetivo da cidadania, compreendendo que temos direitos, *mas deveres também*. Pais conscientes não se deixam levar pelo medo do que está ocorrendo por aí; pelo contrário! Veem como matéria útil o desvendar das iniquidades e usam tais denúncias no debate com os filhos. Aliás, é só usando dados da realidade que conseguimos conversar sobre ética com os mais jovens; é o que lhes torna palatável pensar o tema. Trazendo à baila o que estão vendo acontecer com pessoas que conhecem, se evita tornar a conversa estéril e inútil.

Preleções teóricas não tocam adolescentes; pelo contrário, os fazem dormir acordados – *enquanto fingem nos escutar*. Em suma: quanto mais hostil o meio, quanto mais sérios os problemas na sociedade, maior a importância de nosso papel. E mais profundo o peso do nosso exemplo na formação dos filhos. Maior do que o medo do nosso entorno deve ser o desejo e a necessidade de analisá-lo com os filhos, dando-lhes, assim, condições de se defenderem das influências indesejadas.

Pergunte-se com calma: Qual é o seu real projeto ao educar?

Deseja criar um cidadão – respeitável e honesto – ou forjar um arremedo de homem, alguém que só pensa em "se dar bem", sob o argumento de que "já que existe tanta coisa errada por aí, então locupletemo-nos todos"?

CONCLUSÃO

À guisa de despedida: criando filhos "do bem"

Você cumprimenta o porteiro com um sorriso? Devolve o troco que vem a mais? É educado com a moça do telemarketing ou bate o telefone? Respeita os sinais de trânsito, mesmo quando "seu" guarda não está por ali?

Se você sempre age assim, a base moral do seu filho, aos 7 anos, já estará bem plantada. O que fala mais alto na infância é o exemplo. Filhos observam as atitudes dos pais, mesmo quando não parece. É um olho no tablet e outro no que fazemos. É assim que aprendem a ser gentis, é assim também que adotam valores e firmam o caráter: *imitando*.

A partir da pré-adolescência, porém, começam a olhar para os pais e a família de forma mais crítica. E é nessa hora que analisam se vale a pena ser correto ou não. E como não faltam escândalos envolvendo "pessoas importantes", é frequente questionarem o que aprenderam conosco. Esse é o *perigo sutil* da sociedade de consumo. E que pode contaminar as novas gerações!

Felizmente, porém, a realidade é múltipla; mas crianças e jovens não o sabem – ainda –, razão por que cabe aos pais lhes mostrar.

Só assim entenderão que uns são educados, outros não; que muitos agem honestamente, e muitos outros não.

A compreensão da multiplicidade de posturas que coexistem na sociedade é fundamental para que não desacreditem a educação e a ética. Novelas e seriados, que eles amam acompanhar, são pródigos em cenas de descortesia, infidelidade e traição. O pior é que são apresentadas como condutas universais, como se *todos* fôssemos antiéticos, inconvenientes, incivilizados – ou tudo isso junto.

Esse é *um novo perigo* – real, concreto e muito ativo!

É fundamental, portanto, corrigir essa deturpação que a muitos interessa difundir e perpetuar, mas que cabe a nós, pais, desmistificar. Temos que buscar oportunidades de debater valores com nossos filhos, para mostrar-lhes como agimos e, principalmente, para convencê-los de que *nem todos agem inescrupulosamente.* Precisamos fazer com que percebam a variedade de comportamentos que existem. E ouvir os filhos é a forma de que dispomos para saber o que pensam sobre os que nos rodeiam. É difícil, mas temos que incentivá-los a expor seus pensamentos, e mesmo que nos pareça absurdo ou inadequado, ouvi-los até o fim. Só compreendendo como pensam é que teremos como fundamentar e combater visões inadequadas. Dar exemplos concretos e usar fatos noticiados sobre pessoas que se opuseram à aparente "desonestidade geral" é um ótimo caminho para mostrar que *nem todos* agem antieticamente. E, claro, aja de acordo com o que defende.

Se o seu filho lhe fala rispidamente e você responde engrossando, estará alimentando a agressividade. Mas se você deixa claro que não aceita essa conduta – e *corta o papo*, só permitindo retornar ao assunto quando ele o procurar com bons modos –, estará praticando o que defende. Em outras palavras: terá dado limites, mostrando que não aceita ser desrespeitado, e, ao mesmo tempo, terá provado que não o desrespeita e aceita dialogar, mas somente em bases civilizadas.

Vivenciar concretamente empatia e respeito é de que nossos jovens precisam, portanto:

Prometeu assistir ao jogo dele no sábado? Esteja lá!

Gostou de uma atitude? Aprove. Não gostou, critique – com firmeza, argumentos, mas sem agressões.

E, se a vida, vez por outra, impedir que cumpra à risca o prometido – e isso acontece –, tudo bem, desde que fique claro que houve um motivo concreto e real. Não o levar a uma festa como combinaram porque você ficou doente é perfeitamente justificável. Apenas explique a ele com simpatia e afeto. E não deixe de dizer que ficou com muita pena do que ocorreu. Em tempo, não deixe, porém, que aconteça muitas vezes, certo?

Assim se ensina responsabilidade e gentileza!

Desejo, de todo o coração, que a leitura que você agora está concluindo, assim como as reflexões que, espero, tenham provocado, lhe traga tranquilidade e segurança para lidar com seus filhos amados no dia a dia de hoje – tão complicado!

Siga o que aqui conversamos – persista, insista! Não desista jamais dessa belíssima (e cansativa!) luta e esteja certo de que é assim que se ensina os mais jovens a ser GENTE DE BEM!

Impressão e Acabamento:
LIS GRÁFICA E EDITORA LTDA.